Arbeitsbuch für Selbstregulierung von Fähigkeiten für Kinder

Achtsamkeit, positives Denken und Selbstregulierung des täglichen Lebens von Kindern durch Übungen zur kognitiven Verhaltenstherapie und emotionale Führung

**Von
Kangaroo Publications
Mary C. Norris**

Laden Sie Ihr kostenloses

Als Dankeschön dafür, dass sie ein Fan unserer Serie ist,

Ich habe ein kostenloses Geschenk für Sie beigefügt:

Titel: 10 Möglichkeiten, mit Angst umzugehen

Besuch
www.kangaroopublications.com
Um Ihr kostenloses Buch zu erhalten

Bei Fragen können Sie uns gerne schreiben

info@kangaroopublications.com

Arbeitsbuch für Selbstregulierung von Fähigkeiten für Kinder

Arbeitsbuch für Selbstregulierung von Fähigkeiten für Kinder

finanzielle oder andere Ratschläge zu ersetzen. Wenn Sie Beratungsbedarf haben, wenden Sie sich bitte an einen qualifizierten Fachmann.

Durch das Lesen dieses Textes akzeptiert der Leser, dass der Autor nicht für Schäden haftbar gemacht werden kann, die indirekt oder direkt durch die Verwendung der hierin enthaltenen Informationen entstehen, insbesondere, aber nicht beschränkt auf Auslassungen, Fehler oder Ungenauigkeiten. Als Leser sind Sie für Ihre Entscheidungen, Handlungen und Konsequenzen verantwortlich.

Arbeitsbuch für Selbstregulierung von Fähigkeiten für Kinder

Über den Autor

Mary C. Norris ist klinische Psychologin mit einem tiefen Verständnis für menschliches Verhalten und psychische Erkrankungen.

Sie hat mehr als 8 Jahre auf diesem Gebiet verbracht und unzähligen Teenagern geholfen, die unter Angstzuständen, Depressionen, chronischem Stress, emotionaler Dysregulation und vielem mehr leiden. Sie hat auch jahrelange Erfahrung als Elternteil eines Kindes mit schweren Angstzuständen. Sie versteht die Hilflosigkeit, einen Teenager mit Angst zu erziehen, und hofft, solchen Eltern mit ihrer professionellen Expertise auf breiterer Ebene helfen zu können.

„Erziehung von Teenagern mit Angst" und „Arbeitsbuch für Selbstregulierung von Fähigkeiten für Kinder" sind zwei ihrer berühmten Wunder über die Erziehung von Kindern mit gestörter Psychologie und Verhalten.

Contents

Arbeitsbuch für Selbstregulierung von Fähigkeiten für Kinder

Arbeitsbuch für Selbstregulierung von Fähigkeiten für Kinder

Arbeitsbuch für Selbstregulierung von Fähigkeiten für Kinder

Arbeitsbuch für Selbstregulierung von Fähigkeiten für Kinder

Vorwort

Wussten Sie, dass Menschen im Alter von drei Jahren beginnen, Fähigkeiten zur Selbstregulation zu entwickeln?

Wenn Sie das vorher nicht wussten und Ihr Kind zwischen 8 und 12 Jahre alt ist, brauchen Sie sich keine Sorgen zu machen. Dieses Buch ist für Sie. Kinder haben ein sich ständig weiterentwickelndes Gehirn mit faszinierender Flexibilität, um wichtige Lebenskompetenzen zu erlernen.

Es ist allzu einfach, das Verhalten Ihres Kindes als widerständig, trotzig, manipulativ und aufmerksamkeitsstark zu bezeichnen. Das problematische Verhalten von Kindern liegt jedoch häufig außerhalb ihrer Kontrolle. Dieses Verhalten sollte als Symptom interpretiert werden, dass Kinder ihre starken Emotionen (z. B. wütend, traurig, ängstlich) nicht bewältigen können. Diese Emotionen nutzen die Fähigkeiten Ihrer Kinder am besten, wenn sie überwältigt werden. Das heißt, sie sind nicht in der Lage, sich selbst zu verwalten.

Die Fähigkeit, ruhig zu bleiben, große Emotionen zu bewältigen, sich anzupassen und richtig auf unsere Umgebung zu reagieren, wird als Selbstregulierung bezeichnet. Selbstbeherrschung ist entscheidend, weil sie es Kindern ermöglicht, in der Schule, mit Gleichaltrigen und zu Hause erfolgreich zu sein. Es gibt Kindern ein gutes Gefühl und Zufriedenheit mit sich selbst und dem, was sie bewältigen können.

Arbeitsbuch für Selbstregulierung von Fähigkeiten für Kinder

Wenn ein Mangel an regulierenden Fähigkeiten Kinder zum Zusammenbruch bringt, wird ihnen die Bestrafung nicht die Fähigkeiten beibringen, die sie brauchen, um ruhig zu bleiben, zu verwalten und sich anzupassen. Auf der anderen Seite frustriert Disziplin Jugendliche eher, verursacht Schuld- und Versagensgefühle und eskaliert herausforderndes Verhalten. Zunehmendes problematisches Verhalten kann eine Lücke in Ihrer Beziehung reißen und schnell zu einem Stresskreislauf für alle Beteiligten werden – aber Sie haben die Macht, einzugreifen. Fordern Sie sich heraus, angesichts der Wutanfälle oder Zusammenbrüche Ihres Kindes ruhig zu bleiben. Kinder neigen dazu, über den Stress und die Emotionen der Erwachsenen in ihrem Leben nachzudenken. Denken Sie daran, dass Jugendliche Zeit und Ermutigung brauchen, um Selbstbeherrschung zu entwickeln und auszuüben.

Lassen Sie uns unseren Kindern mit einem ruhigen und verständnisvollen Auftreten beibringen, wie sie mit ihren Emotionen und ihrem Verhalten umgehen können, was zu einem gesünderen Gehirn und Körper führt.

Einführung

"Du lässt mich nie Videospiele spielen. Du machst das immer. Ich will nichts essen! Ich hasse dich!" Mein 11-Jähriger zerlumpter knallte die Tür zu.

30 Minuten später kam er schleppend, mit traurigen Augen und umarmte mich, als ihm klar wurde, dass das, was er getan hatte, falsch war.

Kommt Ihnen das bekannt vor?

Unsere Kinder lassen sich oft auf Verhaltensweisen ein und haben emotionale Ausbrüche, von denen sie später erkennen, dass sie ohne Hilfe nicht akzeptabel sind.

Das Problem liegt also nicht in ihrem Verständnis von richtig oder falsch, sondern in ihrer Fähigkeit, mit ihren Emotionen, Gedanken und ihrem Verhalten umzugehen.

Wussten Sie, dass Menschen 12.000 bis 60.000 Gedanken pro Tag haben?

Wir wissen sehr gut, dass Kinder ein sich entwickelndes Gehirn haben. Stellen Sie sich vor, wie schwierig es für Kinder sein muss, all diese Gedanken zu verwalten und zu entscheiden, was sie tun sollen, und das alles in Sekundenschnelle. Deshalb müssen wir unseren Kindern Selbstregulierung beibringen.

Es ist leicht, Selbstkontrolle und Selbstregulierung zu verwechseln. Sie sind verwandt, aber nicht gleich. Selbstkontrolle ist in erster Linie eine soziale Kompetenz.

Arbeitsbuch für Selbstregulierung von Fähigkeiten für Kinder

Die Selbstregulierung hingegen funktioniert ähnlich wie ein Thermostat. Ein Thermostat schaltet sich ein oder aus, um eine bestimmte Temperatur oder einen „Sollwert" in einem Raum aufrechtzuerhalten. Es überwacht Temperaturänderungen, vergleicht sie mit dem Sollwert und bestimmt, ob der Raum geheizt oder gekühlt werden soll.

Wir alle haben einen Sollwert für die Selbstregulierung. Um dieses Maß an Kontrolle zu behalten, müssen wir:

- Verfolgen Sie die Veränderungen in unserer Umgebung.
- Untersuchen Sie, wie wir uns fühlen und wie wir reagieren.
- Vergleichen Sie es mit unserem Sollwert.
- Nehmen Sie die notwendigen Anpassungen vor, um zu diesem Punkt zurückzukehren.

Mit einfachen Worten, Selbstregulierung ist die Fähigkeit, Ihre Emotionen und Ihr Verhalten als Reaktion auf die Umstände zu kontrollieren. Es beinhaltet die Fähigkeit, starke emotionale Reaktionen auf belastende Reize zu vermeiden, sich bei Wut zu beruhigen, Impulse zu regulieren, den Fokus aufrechtzuerhalten, sich an veränderte Erwartungen anzupassen und mit Unzufriedenheit ohne Ausbruch umzugehen. Es ist eine Reihe von Fähigkeiten, die es Jugendlichen ermöglichen, ihr eigenes Verhalten mit zunehmendem Alter trotz der

Arbeitsbuch für Selbstregulierung von Fähigkeiten für Kinder

Unberechenbarkeit der Welt und ihrer eigenen Emotionen auf ein Ziel auszurichten.

Selbstregulierung hilft Ihrem Kind, sich beim Lernen zu entwickeln und gute Noten in der Schule zu bekommen, da die Selbstregulierung es Ihrem Kind ermöglicht, im Klassenzimmer zu sitzen und zuzuhören. Es hilft ihnen, Freundschaften zu schließen, weil die Selbstregulierung es Ihrem Kind ermöglicht, sich bei Spielen und Gesprächen abzuwechseln, Spielzeug zu teilen und Emotionen angemessen auszudrücken. Darüber hinaus werden sie selbstständiger, weil es Ihrem Kind ermöglicht, richtige Verhaltensbeurteilungen zu treffen und zu lernen, wie es in verschiedenen Situationen handeln soll, ohne sich auf Sie zu verlassen.

Selbstregulation ist für viele Kinder ein Problem, und dieses Problem wächst, wenn sie wachsen. In einem emotionalen Umstand handeln sie voreilig und erkennen ihren Fehler, nachdem der Schaden angerichtet wurde. Sie können sich nicht auf ihre Ziele und Aufgaben konzentrieren. Sie finden, dass ihre Gedanken sie leiten. Kinder beginnen sehr früh, Selbstregulation zu entwickeln. Eltern müssen sich also frühzeitig auf ihre Fähigkeiten zur Selbstregulation konzentrieren.

Dieses Arbeitsbuch konzentriert sich genau darauf. Es ist eine Schatzkiste, um Selbstregulierung zu verstehen und auf die emotionalen Ausbrüche und

Arbeitsbuch für Selbstregulierung von Fähigkeiten für Kinder

Unreife, Unfähigkeit, sich zu konzentrieren, und negative Denkmuster Ihres Kindes zu reagieren.

Das erste Kapitel unterstreicht die Bedeutung der Selbstregulierung mit Forschung, Geschichten und Fakten. Die folgenden drei Kapitel beginnen mit Geschichten über Wut, Achtlosigkeit und negative Gedanken und bieten eine praktische Lösung für die Probleme, mit Arbeitsblättern und lustigen Spielen und Aktivitäten. Das letzte Kapitel befasst sich mit Arbeitsblättern und Praktiken zur Selbstregulierung mit dem Alltag.

Habe ich fachliche Kenntnisse zum Thema? Ja.

Habe ich persönliches Wissen zum Thema? Ja.

Deshalb kann Ihnen dieses Buch helfen. Ich habe mehr als acht Jahre Erfahrung als klinische Psychologin und habe mit unzähligen Eltern zusammengearbeitet, um ihren Kindern zu helfen, ihr inneres Selbst zu regulieren und zu verwalten. Ich habe auch einen Teenager, der seit Jahren unter Angstzuständen leidet und meine Hilfe als Elternteil brauchte, um Selbstregulierung zu lernen. Dieses Arbeitsbuch kombiniert meine beruflichen und persönlichen Erfahrungen und enthält nur die effektivsten Praktiken, die nachweislich fruchtbare Ergebnisse erzielen.

Wenn Sie mehr über Angst und Stress bei Teenagern erfahren möchten, finden Sie mein Buch „Eltern von Teenagern mit Angst" bei Amazon. Lassen Sie uns zunächst einmal sehen, was ich in diesem Buch für Sie bereithalte.

Arbeitsbuch für Selbstregulierung von Fähigkeiten für Kinder

Kapitel 1:
Rüstung der Selbstregulierung

Die Körper unserer Kinder wachsen an Größe, aber ihre Gehirne entwickeln sich an Komplexität. Ihre Gehirne sind noch nicht vollständig ausgereift und haben Jahre des Wachstums vor sich. Wir können die Entwicklung ihres Gehirns mit dem Bau eines Hauses vergleichen.

Die architektonische Blaupause kann einem Haus seine Form geben, aber ob das Haus aus Stroh, Holz oder Ziegeln besteht, wird das Endergebnis erheblich beeinflussen. In ähnlicher Weise diktiert die Genetik den primären Bauplan eines Kindes für die Gehirnentwicklung, aber seine Lebenserfahrungen können, genau wie die Materialien, die zum Bau eines Hauses verwendet werden, einen großen Einfluss auf das Ergebnis haben.

Da es außerdem einfacher ist, ein Haus während des Baus zu beeinflussen, als es später zu verändern, kann das menschliche Gehirn verschiedene Fähigkeiten in jungen Jahren besser oder schneller erlernen. Deshalb müssen Sie sich darauf konzentrieren, Ihren Kindern Selbstregulierung beizubringen.

Lassen Sie uns das Konzept der Selbstregulierung aufschlüsseln.

1.1 Der Was-Teil

Der Marshmallow-Test, bei dem ein Forscher ein junges Kind (normalerweise zwischen 3 und 5 Jahren) fragt, ob es ein oder zwei Marshmallows möchte, ist den meisten von Ihnen wahrscheinlich bekannt. Der Forscher verlässt den Raum, nachdem er die Marshmallows vor sich platziert hat.

Der Junge hat die Wahl, bevor der Forscher geht: "Sie können jetzt ein Marshmallow essen oder warten, bis ich zurückkomme, und dann können Sie beide Marshmallows haben."

Dies ist bekannt als „Befriedigungsverzögerung" oder die Fähigkeit, einen Impuls zu unterdrücken (diesem köstlichen Marshmallow zu essen), um ein anderes Ziel zu erreichen – hören Sie auf die Autoritätsperson des Forschers und warten Sie.

Die Verzögerung der Befriedigung ist einfach eine Art von Fähigkeiten zur Selbstregulation, vielleicht die bekannteste, und wurde mit einer Vielzahl von Ergebnissen in Verbindung gebracht: Kinder, die länger warten, sind geselliger, haben bessere Noten und sogar höhere schulischer Eignungstest-Werte Jahre später. Sogar ihre Gehirne zeigten gesunde Entwicklungsmuster.

Was ist Selbstregulierung?

Die Fähigkeit, Ihre Energieniveaus, Gedanken, Emotionen und Verhaltensweisen auf akzeptable Weise zu steuern und zu überwachen und positive Ergebnisse wie Wohlbefinden, sinnvolle Beziehungen

Arbeitsbuch für Selbstregulierung von Fähigkeiten für Kinder

und Lernen zu fördern, wird als Selbstregulierung bezeichnet.

So gehen wir mit Stress um, und folglich ist es die Grundlage für alles andere, was wir tun. Um diese Fähigkeit zu entwickeln, sind Selbstbewusstsein, effiziente sensorische Filterung, emotionale Intelligenz zur effektiven Bewältigung von Stress, eine gute Beziehung zu anderen und die Aufrechterhaltung der Aufmerksamkeit erforderlich.

Die Wissenschaft hinter der Selbstregulierung

Unser Nervensystem reguliert unser Gehirn auf zwei Arten.

Das „Gaspedal" ist das erste Notfall- oder Schnellreaktionssystem. Seine Hauptfunktion besteht darin, die Kampf-oder-Flucht-Reaktion im Körper auszulösen. Betrachten Sie es wie das Gaspedal eines Autos. Wenn dieses System aktiviert ist, ermöglicht es unserem Körper, sich schnell zu bewegen, indem es die Herzfrequenz erhöht, die Verdauung herunterfährt und den Blutzuckerspiegel für schnelle Energie erhöht. Wenn ein Baby oder Kind übermäßig aufgeregt wird, schaltet dieses System auf Hochtouren und die Emotionen sind auf „Hochgeschwindigkeit".

Zweitens wirkt ein Abschnitt des Gehirns, der als „Bremse" bezeichnet wird, als entspannender oder dämpfender Mechanismus. Dieses System braucht länger, um aktiviert zu werden, aber es reduziert unsere Herzfrequenz, verbessert die Verdauung und

Arbeitsbuch für Selbstregulierung von Fähigkeiten für Kinder

spart Energie, sobald es aktiviert ist. Dieses beruhigende Element unseres Nervensystems kann dem "Hochgeschwindigkeit"-Effekt des Kampf-oder-Flucht-Systems entgegenwirken und ist für die Steuerung unserer körperlichen Prozesse und unseres geistigen Wohlbefindens unerlässlich.

Unsere Körper funktionieren reibungslos und wir haben emotionale Kontrolle, wenn diese Systeme im Gleichgewicht sind. Wenn die Systeme jedoch aus dem Gleichgewicht geraten, müssen wir unsere Selbstregulierungsfähigkeiten einsetzen, um sie wieder in einen gesunden Zustand zu versetzen.

Es ist absolut kein Zufall, dass sich der „Gaspedal"-Mechanismus schon vor der Geburt entwickelt, denn die Kampf-oder-Flucht-Reaktion ist so überlebenswichtig für den Menschen. Alle Eltern verstehen, dass Babys durchaus in der Lage sind, so aufgeregt zu werden, dass sie weinen, um Eltern auf ihre Bedürfnisse oder wahrgenommene Bedrohung aufmerksam zu machen.

Allerdings ist der „Bremsen"-Mechanismus bei der Geburt noch nicht vollständig etabliert. Erschwerend kommt hinzu, dass durch das „Gaspedal" ein Stresshormon ausgeschüttet wird, das die „Bremse" unterdrückt. Die Selbstregulierung nährt und stärkt den „Brems"-Prozess.

1.2 Der Warum-Teil

Viele Aspekte des Alltags eines Kindes können von Herausforderungen der Selbstregulierung betroffen sein. Werfen wir einen Blick darauf, wie einige davon aussehen könnten:

- Schlechte Impulskontrolle
- Schlechte emotionale Anpassung
- Schwierigkeiten, sich auf Aufgaben zu konzentrieren
- Schwierigkeiten, sich nach etwas Aufregendem oder Aufregendem zu beruhigen
- Schwierigkeiten, starke Emotionen wie Frustration, Wut und Verlegenheit zu regulieren
- Schwierigkeiten, ihre Stimmungen zu regulieren
- Schwierigkeiten mit sozialen Fähigkeiten oder Kommunikationsfähigkeiten für ihr Alter
- Zieht sich zurück und hat Probleme, mit anderen zu interagieren
- Sich selbst oder anderen gegenüber gefährlich verhalten
- Verträgt Veränderungen nicht gut
- Schwierigkeiten mit der Selbstberuhigung
- Herausforderungen mit Essen, Schlafen, sensorischer Verarbeitung

Nun, da wir wissen, welchen Mangel an Selbstregulierungsfähigkeiten Ihr Kind verlieren kann, lassen Sie uns besprechen, was ihre Anwesenheit zum Leben Ihres Kindes beitragen kann:

Verbesserte emotionale Intelligenz

Emotionale Intelligenz ist die Fähigkeit, die eigenen Emotionen zu erkennen, zu nutzen und konstruktiv zu kontrollieren, um Stress abzubauen, mit anderen zu sympathisieren, effektiv zu kommunizieren, Hindernisse zu überwinden und Konflikte zu zerstreuen.

Es ist wichtig, Emotionen ausdrücken und regulieren zu können, aber es ist auch wichtig, die Emotionen anderer zu verstehen, zu interpretieren und dann darauf zu reagieren. Stellen Sie sich eine Welt vor, in der Sie nicht sagen können, wann ein Kollege verärgert oder ein Freund unglücklich ist. Emotionale Intelligenz ist ein Begriff, der verwendet wird, um diese Fähigkeit zu beschreiben, und einige Experten glauben, dass sie in Bezug auf den allgemeinen Lebenserfolg bedeutender ist als der IQ.

Eine der wichtigsten Funktionen von EI ist es, zu beeinflussen, wie wir auf Schwierigkeiten reagieren. Wenn Ihr Kind Schwierigkeiten beim Lernen und Denken hat, kann EI als GPS fungieren und es um Hürden herum und zum Erfolg führen. Es ermöglicht ihm, Probleme einzuschätzen, sie in einen Kontext zu stellen und Strategien zu ihrer Bewältigung zu entwickeln.

So kann es gehen, wenn er Probleme mit seinen Rechenhausaufgaben hat:

- Er ist sich bewusst, dass er gereizt wird.
- Er denkt über die Folgen nach, wenn er schreit oder sein Buch auf den Boden wirft.

Arbeitsbuch für Selbstregulierung von Fähigkeiten für Kinder

- Er denkt an eine bessere Reaktion: Er wird seine Gefühle ausdrücken.
- Trotz seiner Frustration will er es noch einmal versuchen, weil er weiß, dass es ihm langfristig helfen wird.
- Er sucht Hilfe bei seiner Mutter.
- Sie drängt ihn ein bisschen zu sehr, aber er erkennt, dass es daran liegt, dass sie sich wirklich um seine Leistung kümmert.
- Er bittet darum, dass er sich langsamer bewegen muss und würde es gerne wieder alleine machen.
- Er wartet bis nach dem Unterricht am nächsten Tag, um seinem Lehrer zu sagen, dass er Probleme hat, den Unterricht zu verstehen.

Verbesserte Selbstständigkeit

Eigenständigkeit ist in der Tat eine Superkraft, die bei Angst und Selbstständigkeit bei Kindern helfen kann. Sie können selbstbewusst für sich selbst sorgen und Verantwortung für ihr Handeln übernehmen. Dies würde Ihren Kindern den Weg ebnen, zu Erwachsenen mit hervorragenden Lebenskompetenzen heranzureifen, wie zum Beispiel:

- Es stärkt das Selbstwertgefühl und das Selbstvertrauen Ihres Kindes sowie seine Motivation und Ausdauer in der Schule.
- Es vermittelt Ihrem Kind ein Gefühl der Wichtigkeit und Zugehörigkeit, was für die Bildung sozialer Bindungen und den Beitrag

Arbeitsbuch für Selbstregulierung von Fähigkeiten für Kinder

zur Gesellschaft von entscheidender Bedeutung ist.

- Es lehrt sie Selbstmotivation, weil sie frei sind, ihre eigenen Gründe für den Erfolg zu entdecken.
- Es erhöht ihre Sensibilität für andere und ihr Selbstbewusstsein und lehrt sie, ihren Mitmenschen zu helfen.
- Es macht sie glücklich und gesund, weil sie sich durch ihr eigenes Handeln erfüllt und erfolgreich fühlen.
- Es gibt ihnen das Vertrauen, dass sie kompetent und in der Lage sind, für sich selbst zu sorgen, und macht sie widerstandsfähiger gegenüber äußerem Druck.
- Geduld, Konzentration, Selbsthilfe, Kooperation, Selbstdisziplin und Selbstvertrauen gehören zu den Eigenschaften, die es fördert.
- Es ermöglicht ihnen, bessere Entscheidungsträger zu werden, da sie die Freiheit haben, eine Vielzahl von Optionen in Betracht zu ziehen, bevor sie sich für die beste entscheiden.
- Es ermöglicht ihnen, das Leben vollständig zu erfahren und seine vielen wertvollen Lektionen zu lernen.

Verbesserte soziale Fähigkeiten

Arbeitsbuch für Selbstregulierung von Fähigkeiten für Kinder

Es ist nicht notwendig, dass Kinder soziale Schmetterlinge sind. Jedes Kind wird in der Tat unterschiedliche Persönlichkeitsmerkmale haben, die beeinflussen, wie es mit anderen interagiert. Andererseits helfen positive Beziehungen den meisten Menschen, im Leben erfolgreich zu sein. Sozial kompetente Kinder und Jugendliche entwickeln eher Selbstvertrauen, wenn es darum geht, Situationen anzugehen und Aktivitäten erfolgreich auszuführen.

Geselligkeit und die Fähigkeit, mit anderen auszukommen, ist eine der wichtigsten Fähigkeiten, die kleine Kinder meistern müssen. Während in der Regel schulische Fähigkeiten wie Sprache und Mathematik sowie körperliches Wachstum und Motorik im Vordergrund stehen, unterstützen soziale Kompetenzen Kinder bei der Vorbereitung auf das Leben.

Nahezu jedes Element unseres Lebens wird davon beeinflusst, wie wir mit anderen sozialisieren und interagieren, sei es mit der Familie, Freunden, Kollegen, Klassenkameraden oder anderen. Die sozialen Fähigkeiten von Kindern helfen ihnen, positive Beziehungen aufzubauen, zu kommunizieren, Körpersprache zu entwickeln, zu teilen, zusammenzuarbeiten und sogar zusammenzuspielen.

Verbesserte geistige Leistungsfähigkeit und kognitive Fähigkeiten sowie eine gute allgemeine psychische

Arbeitsbuch für Selbstregulierung von Fähigkeiten für Kinder

Gesundheit sind auch mit gut entwickelten sozialen Fähigkeiten verbunden.

Verbesserte Selbstkontrolle

Selbstkontrolle beeinflusst die Entscheidungsfindung direkt. Ein Mangel an Selbstbeherrschung als Kind kann dazu führen, dass es auf der Party zu viel Spaß beim Essen gibt, mehr Zeit mit Spielen als mit Hausaufgaben verbringt oder ein paar Wutanfälle bekommt. Kurzfristig mögen die Folgen dieser Entscheidungen gering erscheinen. Für niemanden ist jemals eine Welt zusammengebrochen, weil er an einem Sonntagnachmittag zu viel Kuchen gegessen hat. Die Auswirkungen schlechter Entscheidungen und mangelnder Selbstbeherrschung während der Adoleszenz können jedoch sowohl kurz- als auch langfristig schwerwiegend sein.

Jugendliche mit eingeschränkter Selbstbeherrschung neigen eher dazu, Entscheidungen zu treffen, die die Möglichkeiten einschränken und zu einem schädlicheren Lebensstil führen. Dazu gehören Entscheidungen über ihre Gesundheit (Trinken, übermäßiges Essen, Rauchen und Schlafen), Geld (Glücksspiel, Spielüberlastung und rücksichtslose Ausgaben) und Verhalten (Beziehungen, Studium, Arbeit, Sucht, Schulabbruch, Sex und ungeplante Schwangerschaft).)

Das Gehirn verändert sich aufgrund der gemachten Erfahrungen. Es wird gedeihen, wenn es positiven Erfahrungen ausgesetzt ist. Es wird sich entsprechend

Arbeitsbuch für Selbstregulierung von Fähigkeiten für Kinder

verdrahten, wenn es weniger nährenden Ereignissen ausgesetzt ist.

Verbesserter Fokus

Stellen Sie sich Konzentration als einen Muskel vor, der regelmäßig trainiert werden muss, um in Form zu bleiben. Einige Kinder werden in diesem Bereich „stärker" geboren als andere, aber alle Kinder können sich Taktiken und Praktiken aneignen, die ihnen helfen, ihre Konzentrationsfähigkeit zu steigern und ihre Aufmerksamkeit aufrechtzuerhalten. Schließlich ist dies eine äußerst wichtige Lernfähigkeit für Kinder – die Schule erfordert von den Schülern längere Zeit Konzentration, und mit zunehmendem Alter haben sie außerschulische Aktivitäten, die noch mehr Konzentration erfordern.

Die Mehrheit der Kinder ist in der Lage, sich auf Dinge zu konzentrieren, die sowohl angenehm als auch von Natur aus angenehm sind. Diejenigen, die herausfordernder, langweiliger oder einfach weniger lustig sind, sind diejenigen, die dazu führen, dass sie die Aufmerksamkeit verlieren. Die Fähigkeit, sich auf alle Aufgaben zu konzentrieren und die Aufmerksamkeit aufrechtzuerhalten, ist entscheidend, weil sie es Kindern ermöglicht, zu lernen und Fortschritte zu machen, was zu mehr Selbstvertrauen und Selbstwertgefühl führt.

Verbesserte Anpassungsfähigkeit

Laut einer Studie ist eher Anpassungsfähigkeit als Resilienz ein größerer Indikator für den

Gesamterfolg. Die anfängliche Reaktion auf neue Erfahrungen, Menschen und Ideen wird als Anpassungsfähigkeit bezeichnet. Anpassungsfähigkeit wird in drei Kategorien unterteilt. Verhaltensanpassungsfähigkeit bezieht sich auf die Fähigkeit, die eigenen Aktivitäten oder das Verhalten angesichts von Unsicherheit oder Neuheit zu ändern. Die Anpassung der eigenen Gedanken ist ein Teil der kognitiven Anpassungsfähigkeit. Das Anpassen der eigenen positiven und negativen Emotionen ist Teil der emotionalen Flexibilität.

Kinder, die von klein auf zu flexiblem Denken erzogen werden, können besser mit Veränderungen in ihrer Umgebung umgehen und Probleme effizienter lösen, was in einem jüngeren Alter zu einem runderen Menschen führt.

Änderungen in Routinen und Zeitplänen sind für Kinder, die weniger anpassungsfähig sind, schwieriger zu bewältigen. Sie können Wutanfälle haben oder häufiger weinen als ihre Altersgenossen. Es kann lange dauern, bis sie sich an neue Hobbys, Ideen oder Aktivitäten gewöhnen. Sie könnten sich bei neuen Personen oder sogar neuen Dingen im Haus unwohl fühlen. Dieses Temperament lebt von Routine, was bedeutet, dass sie weniger dazu neigen, neue Situationen zu vermeiden, was ihr Wachstum einschränkt.

Dies waren nur einige der vielen Vorteile, die die Selbstregulierung sicherlich zum Leben Ihres Kindes beitragen wird. Lassen Sie uns jetzt mit einigen Aktivitäten fortfahren!

Arbeitsbuch für Selbstregulierung von Fähigkeiten für Kinder

Kapitel 2:
E wie emotionales Wohlbefinden

Einmal betrat eine Schlange eine Tischlerwerkstatt, während er weg war. Die Schlange war am Verhungern und wollte ihre Beute irgendwo im Inneren finden. Es glitt von einem Ende des Raums zum anderen. Schließlich stieß es mit einer Axt zusammen und wurde etwas verletzt. Die Schlange biss mit voller Wucht in die Axt, wütend und rachsüchtig. Was kann der Biss einer Schlange mit dem Metall der Axt machen? Vielmehr begann das Maul der Schlange zu bluten.

In einem Anfall von Wut und Hybris versuchte die Schlange, die Metallaxt zu erwürgen und zu töten, indem sie sich um sie wickelte. Am nächsten Tag öffnete der Schreiner seine Werkstatt. Er entdeckte eine tote Schlange, die sich um die Klingen der Axt gewickelt hatte.

Die Schlange starb nicht wegen der Schuld eines anderen. Es sah sich schrecklichen Konsequenzen gegenüber, allein aufgrund seiner eigenen Wut und seines Grolls. Wenn wir wütend sind, versuchen wir vielleicht, anderen zu schaden. Mit der Zeit stellen wir jedoch fest, dass wir uns selbst noch mehr geschadet haben. Es ist nicht erforderlich, dass wir auf jede Situation reagieren. Wir sollten eine Minute innehalten und überlegen, ob es sich wirklich lohnt, auf das Problem einzugehen.

Dies ist eine wertvolle Geschichte, die Sie Ihren Kindern erzählen können, um ihre Emotionen zu verstehen und zu bewältigen, anstatt sich von ihren Emotionen treiben zu lassen. Beginnen wir mit dem Arbeitsblatt und spannenden Übungen.

2.1 STOPP

Bringen Sie Ihrem Kind STOPP bei, wenn Ihr Kind Probleme hat, seine Emotionen zu regulieren.

STOPP ist eine Technik, die Ihnen helfen kann, in der Hitze des Gefechts mit überwältigenden Emotionen umzugehen. Es kombiniert Funktionen der kognitiven Verhaltenstherapie (CBT), der Achtsamkeitsmeditation und der dialektischen Verhaltenstherapie (DBT), um Ihnen zu helfen, Ihre emotionale Reaktion auf ein schwieriges, problematisches oder wütendes Ereignis zu konfrontieren und zu bewältigen.

STOPP ist ein Akronym.

- S steht für "Stopp!"
  - ➢ Machen Sie eine Pause.
- T steht für tief durchatmen.
  - ➢ Konzentrieren Sie sich beim Ein- und Ausatmen auf Ihre Atmung.
- O steht für Beobachten, der erste Buchstabe des griechischen Alphabets.
  - ➢ Welche Gedanken gehen Ihnen derzeit durch den Kopf?

- ➢ Was ist der Fokus Ihrer Aufmerksamkeit?
  - ➢ Worauf reagierst du?
  - ➢ Was spürst du in deinem Körper?
- P wie zurückziehen – Treten Sie einen Schritt zurück und betrachten Sie die Dinge aus einem anderen Blickwinkel.
  - ➢ Was beinhaltet das große Ganze?
  - ➢ Können Sie sich eine andere Sichtweise auf diese Situation vorstellen?
  - ➢ Was würde ein vertrauenswürdiger Freund jetzt zu mir sagen?
  - ➢ Ist das eine Tatsache oder eine persönliche Meinung?
  - ➢ Fällt Ihnen eine plausiblere Erklärung ein?
  - ➢ Wie kritisch ist das? Wie wichtig wird es in vier oder sechs Monaten sein?
- P - Setzen Sie um, was funktioniert – machen Sie weiter
  - ➢ Was ist die beste Lösung zu diesem Zeitpunkt? Für mich? Für die Lage? Für andere?
  - ➢ Was kann ich erreichen, was meinen Werten entspricht?
  - ➢ Ergreifen Sie Maßnahmen, die sowohl effektiv als auch angemessen sind.

Eine der wichtigsten und lebensverändernden Fähigkeiten, die eine Person haben kann, ist die

Arbeitsbuch für Selbstregulierung von Fähigkeiten für Kinder

Fähigkeit, zwischen einer extremen emotionalen Reaktion und Ihren nachfolgenden Handlungen anzuhalten.

2.2 Wut Selbstgespräch

Diese Übung konzentriert sich darauf, Kindern dabei zu helfen, eine Angewohnheit zu entwickeln, mit sich selbst zu sprechen und zu rationalisieren, wenn sie wütend sind. Hier ist ein Beispiel dafür, wie man ihnen einen wütenden bis ruhigen Denkprozess beibringt, der ihr Verhalten beeinflusst:

- **Wut steigt in die Höhe**
  - ➤ **Abzug:**Meine Mutter schreit mich an.
  - ➤ **Gedanken:**Sie liebt mich nicht. Sie gibt mir immer die Schuld für alles.
  - ➤ **Gefühle:**Wut

Bewerten Sie die Intensität Ihrer Wut:

Überhaupt nicht wütend etwas wütend Extrem Wütend

1 ------ 2 ------ 3 ------ 4 -------5 ------- 6 ------- 7 ---- --- 8 -- ----- 9 ------- 10

  - ➤ **Verhalten:**Ich rede mit meiner Mutter.
  - ➤ **Folge:**heute keine Spielzeit.
- **Wut, die sich nach unten windet**
  - ➤ **Abzug:**Meine Mutter schreit mich an.
  - ➤ **Gedanken:**Sie hat einfach keinen guten Tag. Sie ist nur müde.
  - ➤ **Gefühle:**Es tut mir leid für sie, dass sie so viel arbeiten muss

Bewerten Sie die Intensität Ihrer Wut:

Überhaupt nicht wütend etwas wütend Extrem Wütend

1 ------ 2 ------ 3 ------ 4 ------- 5 ------- 6 ------- 7 ---- --- 8 ------- 9 ------- 10

> **Verhalten:**Ich teile ihr meine Gefühle mit und fühle mit ihr mit. Ich entschuldige mich.
> **Folge:**kein Problem.

2.3 Radikale Akzeptanz

Radikale Akzeptanz ist eine dialektische Verhaltenstherapie-Aktivität, die Ihrem Kind helfen kann, mit überwältigenden negativen Gefühlen und Ereignissen umzugehen. Helfen Sie Ihrem Kind, dieses Arbeitsblatt zu verwenden, um einen Umstand oder ein Gefühl zu erkennen, darüber nachzudenken und zu verstehen, mit dem es Schwierigkeiten hat, es zu akzeptieren.

Ihr Kleinen, die Idee ist, euch klarzumachen, dass ihr nicht alles kontrollieren könnt, was euch widerfährt. Anstatt emotional zu reagieren, können Sie Ihren Mangel an Kontrolle erkennen und sich dafür entscheiden, sich achtsam zu verhalten. Diese Akzeptanz kann Ihnen helfen, Ihre Not zu überwinden, ohne zu versuchen, die Situation zu ändern oder zu kontrollieren:

1. Welches Problem oder welchen Umstand finden Sie schwierig oder schmerzhaft?

Was geschah, bevor das aktuelle Problem auftauchte? Wie ist es passiert? Was als Nächstes geschah? Wer war anwesend? Was haben Sie in dieser Situation gefühlt?

2. Welche Rolle spielte Ihr Handeln in diesem Szenario? Was ist mit den Handlungen anderer?

a) Beschreiben Sie Ihre Handlungen und Verhaltensweisen während der Erfahrung und bewerten Sie, wie sie das Geschehene beeinflusst haben. Denken Sie daran, dass Sie keine Kontrolle darüber haben, wie sich andere verhalten.

b) Wie wirkten sich die Handlungen anderer auf die Situation aus? Welche Rolle spielten ihre Aktivitäten bei den Ereignissen?

c) Was konnten Sie in dieser Situation kontrollieren? Welche Aspekte Ihres Lebens konnten Sie nicht kontrollieren?

Arbeitsbuch für Selbstregulierung von Fähigkeiten für Kinder

3. Denken Sie über Ihre Reaktionen auf die Situation nach und schreiben Sie sie auf.

Was war Ihre Reaktion oder Ihr Verhalten als Reaktion auf das, was passiert ist? Welche emotionale Wirkung hatten Ihre Reaktionen auf Sie?

Denken Sie daran, dass eine Reaktion eine absichtliche, durchdachte Aktivität ist. Andererseits tritt eine Reaktion auf, wenn Sie Ihre Handlungen von Ihren Emotionen kontrollieren lassen.

4. Welche Wirkung hatte Ihre Reaktion auf Ihr Umfeld?

Beschreiben Sie, wie sie auf Ihre Reaktion reagiert oder sich verhalten haben.

Arbeitsbuch für Selbstregulierung von Fähigkeiten für Kinder

5. Wie könnten Sie beim nächsten Mal anders reagieren, um Ihre reaktionäre Reaktion zu minimieren?

Wie könnten Sie reagieren, anstatt zu reagieren, um Ihre eigene emotionale Belastung zu lindern? Dieser Raum ist für Sie, um in Zukunft bewusstere, nachdenklichere Antworten zu finden.

Arbeitsbuch für Selbstregulierung von Fähigkeiten für Kinder

2.4 In welcher Zone befinde ich mich?

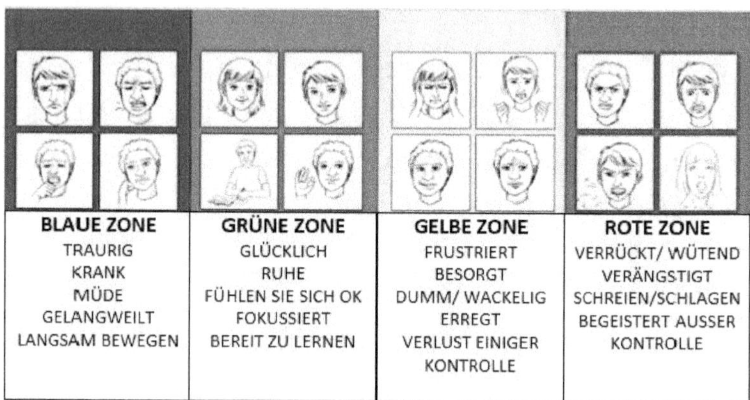

Diese Illustration verwendet bekannte und einfache Verkehrsindikatoren, um Kindern dabei zu helfen, ihre Emotionen zu erkennen, die "Zone" zu identifizieren, in der sie sich befinden, und zu überlegen, wie sie von einer der anderen Zonen in die grüne Zone gelangen.

In der Ruhezone/Blauen Zone ist man am wenigsten energisch oder zielstrebig. Die Go/Green Zone (das glückliche Medium) steht für angenehme Emotionen und ein Gleichgewicht zwischen Extremen. Etwas knifflig wird es in der Langsam/Gelb Zone. Schließlich sind die Gefühle und Verhaltensweisen in der Stopp-/Rotzone am problematischsten.

Sobald das Kind seine Stimmung identifiziert und festgestellt hat, in welcher Zone es sich befindet, gibt es eine hilfreiche Liste mit Vorschlägen, die ihm

helfen sollen, in die Gehen/grün Zone einzutreten
oder darin zu bleiben, darunter:

- Zähl bis 10
- Wasser trinken
- Tief einatmen
- Mach Liegestütze an der Wand
- Ziehen
- Verwenden Sie zappelt
- Schreiben
- Sprich mit einem Erwachsenen
- Selbstgespräch
- Bitte um eine Pause
- Bitten Sie um einen Spaziergang
- Mach Dehnübungen
- Vulkan atmet
- Etwas Schweres heben
- Denken Sie an einen ruhigen Ort
- Bitte um einen Snack

2.5 Emotion hinter Emotionen

Das Verhalten einer Person ist nicht unbedingt eine
Reaktion auf ihre aktuellen Gefühle. Andere
Emotionen überdecken häufig Emotionen. Diese
Gefühle sind die Ursache der unmittelbaren
Emotionen. Primäre und sekundäre Emotionen sind
die zwei Kategorien von Emotionen.

Primäre Emotionen sind die Grundgefühle eines
Individuums, während sich sekundäre Emotionen
aus primären Emotionen entwickeln. Die Natur
sekundärer Emotionen ist komplexer als die primärer

Arbeitsbuch für Selbstregulierung von Fähigkeiten für Kinder

Emotionen. Dies sind die Reaktionen auf die grundlegendsten Emotionen. Wenn eine Person zum Beispiel Angst vor einem bevorstehenden Test hat, schämt sie sich vielleicht. Sein vorherrschendes Gefühl ist Sorge, während seine sekundäre Emotion Demütigung ist.

Es ist wichtig, den Unterschied zwischen primären und sekundären Emotionen zu kennen, damit Sie sich darauf konzentrieren können, primäre Emotionen zu identifizieren und zu kontrollieren, die die Quelle sekundärer Emotionen sind.

Arbeitsbuch für Selbstregulierung von Fähigkeiten für Kinder

Arbeitsblatt zur Emotionsregulation – Emotion hinter Emotionen Ziel:

Um eine Person in die Lage zu verstehen, zwischen gesunden und ungesunden Gefühlsäußerungen zu unterscheiden.

Anweisungen:

Sekundäre Emotionen entstehen aus primären Emotionen. Identifizieren Sie für jedes der unten genannten Szenarien die primären und sekundären Emotionen.

Szenario	Primäre Emotion	Sekundäre Emotion
Anna verlor ihren Lieblingsstift und wurde traurig, als sie bei ihrem Test nicht gut abschneiden konnte.		
James blieb im Stau stecken und kam spät im Büro an. Er war beleidigt, als sein Freund ihn anrempelte.		
Jennys Freund beschuldigte sie der Lüge. Auf dem Heimweg schimpfte Jenny mit ihrer jüngeren Schwester, weil sie ihr einen Streich gespielt hatte.		

2.6 Gegenmaßnahmen

Gegenteilige Aktion ist eine Übung, die Ihrem Kind helfen kann, ein intensives oder sehr erhitztes Gefühl in seinen Bahnen zu stoppen.

Arbeitsbuch für Selbstregulierung von Fähigkeiten für Kinder

Emotionen werden häufig mit bestimmten Verhaltensweisen in Verbindung gebracht; wie Konflikte nach Wut oder Rückzug nach Melancholie. Wir denken normalerweise, dass die Beziehung von Emotion zu verhalten und nicht umgekehrt besteht. Es ist tatsächlich möglich, ein Gefühl auszulösen, indem man sich an einer Handlung beteiligt, die mit dieser Emotion verbunden ist.

Anstatt das zu tun, was Sie normalerweise tun, wenn Sie schlechte Laune haben, erwägen Kinder, das genaue Gegenteil zu tun. Wenn Sie gereizt sind, versuchen Sie, ruhig zu sprechen, anstatt zu schreien. Versuchen Sie, mit ihnen zu sprechen, anstatt sich von Ihren Freunden zurückzuziehen, wenn Sie verärgert sind.

2.7 „Warum" statt „Was"

Menschen fühlen sich oft unbehaglich, aufgeregt und frustriert, weil sie sich auf das „Was" statt auf das „Warum" konzentrieren. Sie würden sich viel besser fühlen, wenn sie sich darauf konzentrieren würden, warum jemand etwas getan hat, anstatt darauf, was er getan hat.

Kognitive Verhaltenstherapie hilft Menschen, ihre Überzeugungen darüber zu ändern, warum die andere Person etwas getan, etwas gesagt oder etwas gedacht haben muss. Dies ermöglicht es Kindern, besser zu handeln und zukünftige Schamgefühle zu vermeiden.

Arbeitsbuch für Selbstregulierung von Fähigkeiten für Kinder

Zielsetzung:

Damit sich ein Kind auf das „Warum" und nicht auf das „Was" konzentrieren kann.

Anweisungen:

Oft fühlen wir uns unwohl, gestresst und frustriert, weil wir uns auf das „Was" und nicht auf das „Warum" konzentrieren. Wenn wir uns auf den Grund konzentrieren, warum eine Person etwas getan hat, anstatt auf das, was sie getan hat, würden wir uns viel besser fühlen.

Verhalten, das ich nicht mag	Emotion	Grund hinter Verhalten	Neue Emotionen

2.8 Naturspiel

Wie unsere anderen Sinne wird auch der Klang oft zu wenig genutzt und kann das Bewusstsein schärfen und die Achtsamkeit fördern. Dies gilt insbesondere, wenn Sie mit der Familie in einer unbekannten

Umgebung durch einen Park oder eine Landschaft schlendern. Üben Sie diese Schritte mit Ihren Kindern, wenn sie von emotionalem Stress wegkommen müssen.

- Atme ein und höre zu.
- Was können Sie in der Nähe hören?

- Was hört man aus der Ferne?

- Welches Geräusch ist am lautesten?

- Welches Geräusch ist am leisesten?

- Versuchen Sie zu gehen, ohne ein Geräusch zu machen.

2.9 AKZEPTIERT

AKZEPTIEREN ist eine Reihe von Fähigkeiten, die Ihnen helfen können, eine negative Emotion zu tolerieren, bis Sie das Problem ansprechen und lösen können. Wenn zum Beispiel Prüfungsergebnisse anstehen und Sie sich darüber Sorgen machen, oder die Schule ein Treffen mit Ihren Eltern einberufen hat und Sie nicht wissen, worum es geht, können Sie ACCEPTS verwenden.

Kinder, los geht's:

- **A für Aktivitäten**

  Nehmen Sie an jeder gesunden Aktivität teil. Lies ein Buch, rufe einen Freund an, mache einen Spaziergang oder räume dein Zimmer auf. Alles, was Ihren Geist beschäftigt und von den schlechten Emotionen fernhält, wird von Vorteil sein. Wenn Sie fertig sind, wechseln Sie zu einer anderen Aktivität.

- **C für Beitragen**

  Tu etwas Gutes für jemand anderen. Es wird Ihnen helfen, Ihre Aufmerksamkeit vom eigentlichen Thema abzulenken. Außerdem fühlen wir uns gut, wenn wir jemand anderem helfen, was uns helfen kann, mit Stress umzugehen. Hilf einem Freund bei einem Projekt, hilf deinen Eltern in der Küche oder hilf deinen jüngeren Geschwistern auf irgendeine Weise.

- **C für Vergleich**

  Setzen Sie Ihr Leben in einen Kontext. Gab es eine Zeit in Ihrem Leben, in der Sie sich mit schwierigeren Themen auseinandersetzen mussten als jetzt? Vielleicht nicht – vielleicht ist dies das intensivste Szenario und Gefühl, dem

Sie je begegnet sind. Wenn später der Fall ist, meditiere und trainiere.

Gibt es jemanden, der mehr gelitten hat als Sie? Sind Sie in Ihrem eigenen Zuhause sicher, während jemand anderes in einem anderen Teil der Welt nach einer Naturkatastrophe nach Nahrung und Unterkunft sucht? Der Zweck dieser Übung besteht nicht darin, Ihren bestehenden Stress und emotionalen Schmerz zu verschlimmern. Setzen Sie stattdessen dieses Fachwissen ein, indem Sie dem, was Sie gerade durchmachen, eine neue Perspektive hinzufügen.

- **E für Emotionen**

  Sie haben die Fähigkeit, die Emotion hervorzurufen, die das genaue Gegenteil Ihres gegenwärtigen Disstresses ist. Wenn Sie sich gestresst fühlen, meditieren Sie 15 Minuten lang. Machen Sie weiter und suchen Sie mit Google Bilder nach „entzückenden Welpen", wenn Sie sich niedergeschlagen fühlen.

- **P für Wegschieben**

  Es ist in Ordnung, etwas vorübergehend aus deinem Kopf zu verbannen, wenn du im Moment nicht damit umgehen kannst. Sich von anderen Aufgaben, Ideen oder Achtsamkeit abzulenken, kann Ihnen helfen, sich abzudrängen. Sie können sogar einen Termin vereinbaren, um das Problem erneut

Arbeitsbuch für Selbstregulierung von Fähigkeiten für Kinder

anzugehen. Sie können sicher sein, dass sich in der Zwischenzeit darum gekümmert wird.

- **Gedanken**

Ersetzen Sie negative, nervöse Gedanken durch bewusstseinserweiternde Übungen wie das rückwärts Sprechen des Alphabets oder das Lösen eines Sudoku-Problems. Diese Ablenkungen können Ihnen dabei helfen, selbstzerstörerisches Verhalten zu vermeiden, bis Sie den Umgang mit Emotionen gemeistert haben.

- **Empfindungen**

Verwenden Sie in schwierigen Zeiten Ihre fünf Sinne, um sich selbst zu beruhigen. Ein Spaziergang und beruhigende Musik, ein gemütlicher Snack oder das Ansehen Ihrer Lieblingssendung sind alles Beispiele für selbst beruhigende Aktivitäten. Was auch immer Ihre Sinne anspricht, kann Ihnen helfen, mit der aktuellen misslichen Lage fertig zu werden.

2.10 Gefühle Jenga

Feelings Jenga, auch als Therapie-Jenga bekannt, ist ein Spiel, das Kindern hilft, ihre Gefühle und Erfahrungen auf eine nicht bedrohliche Weise auszudrücken. Dazu benötigen Sie ein Jenga-Spiel. An den Seiten der Holzklötze können mit einem Permanentmarker Gefühlsworte geschrieben werden. Bauen Sie die Blöcke wie ein typisches Jenga-Spiel auf, nachdem die Gefühlswörter darauf geschrieben wurden.

Die Einrichtung kann auf zwei Arten erfolgen. Sie können den Wörtern entweder so gegenüberstehen, dass Sie sie nicht sehen können, oder ihnen gegenüberstehen, damit Sie die meisten von ihnen während des Spiels sehen können. Wenn Ihr Kind sich Sorgen macht, die Wörter auf der Innenseite nicht sehen zu können, lassen Sie es Ihnen beim Aufhängen helfen, damit es weiß, was die wenigen versteckten Wörter sind. Es gibt zwei Varianten, mit denen Sie dieses Spiel spielen können:

- Eine Möglichkeit besteht darin, das Gefühlswort zu beschreiben, dass herausziehen, bevor Sie es darauf legen. Dies ist eine großartige Methode, um mit dem Spielen zu beginnen, insbesondere für Kinder, die kein starkes Vokabular an emotionalen Wörtern haben.
- Eine andere Variation von Feelings Jenga ist für die Person, die den Block zeichnet, um eine Zeit oder Situation in ihrem Leben zu erklären, in der sie dieses Gefühl verspürt hat. Sie können tiefer gehen, indem Sie sie bitten, zu beschreiben, wie sie sich gefühlt haben und wie sie mit dieser glücklichen oder schlechten Emotion umgegangen sind.

Wenn die Wörter sichtbar sind, ist es für Jugendliche, die gerade erst mit diesem Spiel anfangen oder denen es unangenehm ist, über ihre Gefühle zu sprechen, einfacher, Gefühlswörter zu ziehen, über die sie leichter sprechen können.

Letztendlich kommen sie möglicherweise an den Punkt, an dem sie sich wohl fühlen, Blöcke herauszunehmen, auch wenn sie nicht sehen können, wie das Wort lauten wird, wenn sie sich mit dem Feelings-Jenga-Spiel wohler fühlen und ihre Emotionen ausdrücken. Lassen Sie sie den Ton angeben.

Wenn Sie wissen, dass Ihr Kind zu verletzlich ist, um bestimmte Gefühle zu erforschen, ist es wahrscheinlich ratsam, bestimmte Begriffe bei den ersten paar Malen, die Sie spielen, aus dem Spiel zu lassen.

Dies sind einige lustige Arbeitsblätter, Übungen und Aktivitäten für Ihre Kleinen, um mit ihren Emotionen umzugehen.

Kapitel 3:
S für Zustand der Achtsamkeit

Es war einmal ein Vogel, der flog ziemlich hoch und zwitscherte die ganze Zeit. Sie flog von einem Zweig des Baumes zum anderen. Aber dieser Vogel hatte die Angewohnheit, jeden Tag eine Flasche bei sich zu tragen und Steine darin zu sammeln, und am Ende des Tages würde er die schönen Steine betrachten und sich freuen, aber wenn er die hässlichen Steine sah, würde er sich fühlen traurig.

Seine Flasche wurde immer schwerer, da er täglich die Steine sammelte. Nach ein paar Tagen konnten seine Flügel das Gewicht nicht mehr gut tragen und drückten ihn immer weiter nach unten. Nach einer Weile verschlechterte sich die Situation so sehr, dass er nicht einmal mehr gehen konnte. Es erreichte einen Punkt, an dem er verhungert am Boden lag.

Unsere Gedanken, Sorgen und Erinnerungen sind wie die Steine in der Flasche. Wir tragen sie mit uns, während wir unseren Tag verbringen, stecken in den Erinnerungen oder Sorgen oder Träumen über die Zukunft. Wenn wir all dies tun, vergessen wir, unsere Gegenwart zu genießen und uns ihrer bewusst zu sein, und schlagen uns am Ende sogar eine schlechte Zukunft vor.

Wenn Ihr Kind die Angewohnheit hat, mehr im Gestern oder Morgen zu bleiben als heute, sind die folgenden Übungen und Arbeitsblätter für ihn:

3.1 Blattbeobachtung

Hallo, Junge! Was Sie für diese Aktivität brauchen, sind ein Blatt und Ihre ungeteilte Aufmerksamkeit. Folge dies:

- Nimm ein Blatt, lege es fünf Minuten lang in deine Hand und schenke ihm deine ungeteilte Aufmerksamkeit.
- Beachten Sie die Farben, Formen, Texturen und Muster.

Dies wird Sie in den gegenwärtigen Moment ziehen und Ihre Gedanken mit dem abgleichen, was Sie gerade durchmachen.

3.2 Gedankenbeobachtung

Diese Achtsamkeitsübung soll ganz einfach das Bewusstsein für die eigenen Gedanken schärfen. Führen Sie Ihr Kind durch diese Übung:

- Lege oder setze dich zu Beginn in eine bequeme Haltung und versuche, alle deine Muskeln zu entspannen.
- Konzentrieren Sie sich zuerst auf Ihre Atmung, bewegen Sie dann Ihr Bewusstsein darauf, wie

Sie sich in Ihrem Körper fühlen, und schließlich auf Ihre Gedanken.

- Erkennen Sie, was Ihnen in den Sinn kommt, aber widerstehen Sie dem Wunsch, es zu kategorisieren oder zu kritisieren. Betrachten Sie sie als eine vorbeiziehende Wolke in Ihrem mentalen Himmel.
- Wenn Ihre Gedanken von Ihren Ideen abschweifen, identifizieren Sie, was Ihre Aufmerksamkeit von Ihren Gedanken abgelenkt hat, und lenken Sie es sanft zurück zu Ihren Gedanken.

3.3 Meine Wut lesen

Akute oder chronische Wut kann mit Achtsamkeitstechniken gelindert werden. Als eine unserer stärksten Emotionen kann es schwierig sein, Wut objektiv einzuschätzen und zu entschärfen. Achtsamkeit kann Ihnen helfen, Raum zwischen einem Reiz und einer impulsiven Reaktion zu schaffen.

- Setzen Sie sich zu Beginn in eine bequeme Position mit geschlossenen Augen und achten Sie auf die Bereiche Ihres Körpers, die den Boden, das Kissen oder den Stuhl berühren.
- Nehmen Sie ein paar tiefe Atemzüge, füllen Sie Ihre Lungen vollständig und atmen Sie schnell aus.
- Betrachten Sie einen kürzlichen Moment, in dem Sie wütend waren, besonders einen, der

Arbeitsbuch für Selbstregulierung von Fähigkeiten für Kinder

geringfügig war und sich schnell löste. Erlaube dir, die Wut zu spüren, die du damals gefühlt hast.

- Ignorieren Sie alle anderen Gefühle, die mit dieser Erinnerung verbunden sind, wie Scham oder Traurigkeit.

- Konzentriere dich darauf, wie du dich in deinem Körper fühlst, während du wütend bist. Beobachten Sie, ob Teile Ihres Körpers Ihre Wut mit Kälte- oder Wärmegefühlen ausdrücken, wie stark diese Emotionen sind und ob sie sich ändern, wenn Sie Ihren Körper beobachten oder sich über ihn bewegen.

- Bringen Sie Mitgefühl in die Wut. Dies kann ein herausfordernder Schritt sein, aber denken Sie daran, dass Wut ein natürliches menschliches Gefühl ist. Versuchen Sie mit Mitgefühl und Einfühlungsvermögen, Ihren Zorn „wie eine Mutter, die ein Neugeborenes wiegt", zu wiegen.

- Verabschieden Sie sich von Ihrer Wut. Richten Sie Ihren Fokus allmählich wieder auf Ihren Atem und bleiben Sie eine Zeit lang hier, bis Ihre Emotionen nachgelassen oder sich stabilisiert haben.

- Bedenke, was du gelernt hast. Achten Sie auf die Empfindungen, die diese Übung in Ihrem Körper hervorruft. Behalten Sie sie im Auge, um zu sehen, ob sie sich während des

Arbeitsbuch für Selbstregulierung von Fähigkeiten für Kinder

Prozesses verändert haben. Achte darauf, ob du Mitgefühl benutzt hast, um mit deiner Wut umzugehen, und wenn ja, wie du vorgegangen bist. Überlegen Sie, was passiert ist, als Sie Ihrer Wut Mitgefühl entgegengebracht haben.

Du kannst diese Übung so oft machen, wie du möchtest. Beginnen Sie am besten mit den milderen Formen der Wut und arbeiten Sie sich bis zu den intensivsten und einprägsamsten Ereignissen vor.

3.4 Der gute Stoff-Fokus

Es ist sehr einfach, sich auf die schlechten Erfahrungen und Erinnerungen im Leben zu konzentrieren. Jeder sieht die Welt durch einen Filter. Wenn sich der Filter auf die schlechten Erfahrungen konzentriert, werden die guten Erfahrungen für uns unsichtbar. Dieses Arbeitsblatt hilft Ihnen, Ihren Filter auf „gute Sachen" umzustellen.

Arbeitsbuch für Selbstregulierung von Fähigkeiten für Kinder

10 MINUTEN, UM DAS GUTE ZU ERKENNEN

Datum ....

Dinge, Menschen und Orte, die Sie lieben

Eine Sache, für die Sie hart gearbeitet haben:

Eine Sache, die gerade gut läuft:

Zwei Fächer sind Beschäftigungen, für die Sie sich begeistern:

Zwei Menschen, auf die Sie sich für herzliche Umarmungen und freundliche Worte verlassen können:

Drei Dinge, auf die Sie sich freuen können:

Arbeitsbuch für Selbstregulierung von Fähigkeiten für Kinder

3.5 Achtsames halbes Lächeln

Halbes Lächeln ist eine einfache Methode der kognitiven Verhaltenstherapie, die sich als wirksam erwiesen hat, um negative Emotionen wie Melancholie, Angst und Wut umzukehren. Es ist ein „Außenseite nach innen"-Ansatz, wie viele moderne kognitive Verhaltenstherapie Behandlungen, in dem Sinne, dass es tatsächliche Verhaltenstaktiken verwendet, um Veränderungen in inneren Zuständen wie Gedanken und Gefühlen zu bewirken.

Fangen Sie an, mit Ihren Lippen zu lächeln, aber hören Sie auf, wenn Sie ein leichtes Spannungsgefühl in Ihren Mundwinkeln spüren. Wenn Sie jemand beobachten würde, würde er oder sie wahrscheinlich keine Veränderungen in Ihrem Aussehen bemerken. Es ist ein kleines, unauffälliges Lächeln. (Wenn Sie versuchen, 10 Minuten lang ein breites Grinsen beizubehalten, passiert nichts, außer dass Ihr Gesicht zu schmerzen beginnt.) Tragen Sie es jetzt zehn Minuten lang auf und beobachten Sie, wie sich Ihre Stimmung geändert hat. Die Mehrheit der Menschen berichtet von einer Verbesserung ihrer allgemeinen Stimmung.

Wenn wir eine angenehme Emotion wie Freude empfinden, lächeln wir normalerweise als Folge dieser Empfindung. Aber wie die neuere kognitive Verhaltensforschung immer wieder gezeigt hat, funktioniert es auch andersherum. Sie fühlen sich gut, nachdem Sie ein paar Minuten lang gelächelt haben.

Arbeitsbuch für Selbstregulierung von Fähigkeiten für Kinder

Wenn du deine Stirn runzelst, wirst du vielleicht wütend. Du kannst Panik erzeugen, indem du kurze, flache Atemzüge machst. Einfach ausgedrückt, wenn Sie sich auf das Verhalten einlassen, wird die Emotion folgen.

Probieren Sie es das nächste Mal aus, wenn Ihr Kind seine Stimmung ändern muss.

3.6 Stresserkundung

Das Gefühl, angespannt, überfordert, erschöpft oder müde zu sein, wird als Stress bezeichnet. Ein bisschen Sorge kann Sie motivieren, aber zu viel Stress kann selbst einfache Aktivitäten unmöglich erscheinen lassen. Das Arbeitsblatt zur Stresserkundung hilft Ihnen dabei, Achtsamkeit gegenüber Stress und stressabbauenden Faktoren zu entwickeln. Tägliche Schwierigkeiten, große Lebensübergänge und Lebenssituationen können Stressoren sein. Tägliche Aufmunterungen, gute Bewältigung-Fähigkeiten und schützende Variablen sind alles Dinge, die Ihnen helfen können, Stress zu vermeiden. Helfen Sie Ihrem Kind, das folgende Arbeitsblatt auszufüllen, damit es achtsamer mit sich selbst und seiner Umgebung umgehen kann:

Arbeitsbuch für Selbstregulierung von Fähigkeiten für Kinder

Beschreiben Sie Ihre größten Stressoren in jeder der folgenden Kategorien. Wie erlebt Ihr Körper Stress?

Physisch	Emotional	Verhaltensweise
Brechreiz	Weinen	Niedrige Libido
Erbrechen	Negative Gedanken	Schlaflosigkeit
Durchfall	Zwangsgedanken	Geringer Appetit

Häufige Auslöser zu Hause

1. -------------------------------------

2. -------------------------------------

3. -------------------------------------

Häufige Auslöser in der Schule

1. -------------------------------------

2. -------------------------------------

3. -------------------------------------

Häufige Auslöser auf dem Spielplatz

1. -------------------------------------

2. -------------------------------------

3. -------------------------------------

Bewältigung-Fähigkeiten

1. ------------------------------------- 4. -------- -------------------

----

2. ------------------------------------- 5. -------- -------------------

----

3. ------------------------------------- 6. -------- -------------------

----

Arbeitsbuch für Selbstregulierung von Fähigkeiten für Kinder

3.7 Drachenfeuerspeien

Negative Energie und Anspannung werden mit Dragon Breathing gelöst. Es ist eine großartige Aktivität, wenn wir wütend oder traurig sind oder das Gefühl haben, die Kontrolle über uns selbst zu verlieren. Das Üben des Drachenatems kann ausreichen, um uns zu helfen, uns zu entspannen. Das lange Ausatmen aktiviert das parasympathische Nervensystem (Ruhe und Verdauung) und sorgt gleichzeitig dafür, dass wir tief einatmen, was uns hilft, uns mit Emotionen zu verbinden und sie zu verarbeiten. Das wird Kindern Spaß machen:

- Sitzen Sie im Schneidersitz oder knien Sie mit gestreckter Wirbelsäule.
- Atmen Sie tief durch die Nase ein.
- Atmen Sie tief und laut durch den Mund aus.
- Sie haben die Möglichkeit, Ihre Zunge herauszustrecken und Ihre Augen und Ihren Mund zu öffnen.
- 3-5 mal mehr wiederholen.

3.8 Obstverkostung mit verbundenen Augen

Sensorisches Spielen ist entscheidend für die Entwicklung kleiner Kinder, da es die Nervenverbindungen im Gehirn stärkt. Die Aufmerksamkeit zu fokussieren und Achtsamkeit zu kultivieren ist eine fantastische Technik, um besorgte oder verärgerte Emotionen zu lindern, wenn sie auftreten.

Arbeitsbuch für Selbstregulierung von Fähigkeiten für Kinder

Die Spieler nutzen den Tast- und Geschmackssinn, um den Moment in diesem sensorischen Spiel zu genießen. Der Rest der Sinne wird geschärft. Dies lenkt den Fokus des Kindes noch mehr auf die Gegenwart, wobei der Sehsinn durch eine Augenbinde vorübergehend ausgeschaltet wird.

Sie brauchen eine Augenbinde, drei bis sechs Obstsorten wie Beeren, Melone, Weintrauben oder Ananas, in mundgerechte Stücke geschnitten, und für jede Frucht eine eigene Schale. So geht's:

- Bereiten Sie die Früchte vor und teilen Sie sie in einzelne Schalen auf.
- Verbinde dem Spieler die Augen.
- Bitten Sie den Spieler, eine Frucht vom ersten Gericht aufzuheben, nachdem Sie das Geschirr in Reichweite platziert haben.
- Lassen Sie sie die Textur der Frucht fühlen und beschreiben.

- Lassen Sie sie nun, während sie essen, die Früchte essen und den Geschmack beschreiben (bitten Sie sie noch nicht, die Früchte zu identifizieren!)
- Mit den restlichen Früchten wiederholen.

- Bitten Sie den Spieler, jede Frucht in der Reihenfolge ihres Geschmacks zu benennen, sobald alle drei Früchte probiert wurden – dies ist ein wunderbarer Spin für das Abrufen von Erinnerungen im Spiel!

Hier sind einige Fragen, die Sie nach dem Spiel stellen sollten:

- Was haben Sie mit verbundenen Augen anders gemacht, als wenn Sie normalerweise mit offenen Augen gegessen haben?

- Welche Gefühle oder Geschmäcker hast du wahrgenommen?

Arbeitsbuch für Selbstregulierung von Fähigkeiten für Kinder

- Welches Obst hat dir am besten gefallen? Wieso den?

3.9 Body-Scan-Meditation

Der Body Scan ist eine wichtige Achtsamkeitsübung, die Kindern leicht beizubringen ist.

- Bitten Sie Ihre Kleinen, die Augen zu schließen und sich auf einer bequemen Oberfläche auf den Rücken zu legen.
- Weisen Sie sie dann an, jeden Muskel ihres Körpers so fest wie möglich anzuspannen.
- Sagen Sie ihnen, sie sollen ihre Füße und Zehen zerquetschen, Fäuste ballen und ihre Arme und Beine steinhart machen.
- Lassen Sie sie ein paar Minuten entspannen, nachdem Sie alle ihre Muskeln für ein paar Sekunden gelockert haben.
- Ermutigen Sie sie, sich darauf zu konzentrieren, wie sich ihr Körper während der Aktivität anfühlt.

Diese einfache Aktivität hilft Kindern, sich ihres Körpers bewusster zu werden und einen Weg zu lernen, achtsam für den Moment zu sein.

Arbeitsbuch für Selbstregulierung von Fähigkeiten für Kinder

3.10 Achtsames Wort

Diese Praxis erfordert, dass Sie ein Wort im Zusammenhang mit Achtsamkeit auswählen und es als Anker verwenden, um ruhig, präsent und gesammelt zu bleiben. Im Folgenden finden Sie einige Schritte, mit denen Sie Ihrem Kind beim Üben helfen können, es mit der Kraft der Worte in den Moment zurückzubringen:

- Betrachten Sie einen Satz, der eine beruhigende oder friedliche Konnotation hat. Dies könnte unter anderem ein Begriff wie „Frieden", „friedlich", „Liebe", „Schneeflocke", „summen", „Sonnenlicht" oder „ruhig" sein.

- Merken Sie sich das Wort im Kopf. Sprich es laut, langsam und leise in deinem Kopf aus.

- Wiederholen Sie bei jedem Ein- und Ausatmen Ihr Wort für sich. Halten Sie Ihre Aufmerksamkeit auf freundliche Weise auf Ihr Wort.

- Wenn Ihre Gedanken abschweifen, bringen Sie sie zu Ihrem Wort zurück und wiederholen Sie sie langsam und sanft, während Sie sich entspannen und atmen.

- Kannst du noch eine Minute weitermachen? Schaffst du es in 5 Minuten?

Das hilft Ihrem Kind, sich zu beruhigen.

Arbeitsbuch für Selbstregulierung von Fähigkeiten für Kinder

3.11 Wertschätzungsspiel

Wir schätzen die kleinen Dinge um uns herum nicht immer, wenn wir herum hetzen. Wir könnten in einem Kreislauf gefangen sein, in dem wir überhaupt nichts wertschätzen!

Diese Achtsamkeitsübung hilft Kindern, die kleinen Freuden des Lebens wahrzunehmen und zu genießen. Geben Sie ihm für diese Übung Nahrung, z. B. Obst, Getränke, Nüsse oder einen anderen gesunden Snack. Es kann auch eine normale Mahlzeit sein.

Sagen Sie ihnen dann, dass sie sich Zeit nehmen sollen, das Gericht zu essen. Ermutigen Sie die Jugendlichen, Form, Geschmack, Farbe, Textur, Geruch und andere Merkmale der Nahrung, die sie essen, während des Essens wahrzunehmen. Bitten Sie sie danach, ihre Erfahrungen zu erläutern.

3.12 Achtsame Bewegung

Auch wenn es Kindern möglicherweise schwerfällt, Achtsamkeit und Bewegung zu kombinieren, insbesondere wenn sie etwas über Achtsamkeit lernen, schließen sich beide nicht gegenseitig aus. Indem Sie Ihr Kind anweisen, sich dieses Mal wie ein Reh zu verhalten, hilft ihm das Arbeitsblatt, sich bewusst zu bewegen.

Wir können achtsam sein, wenn wir still sind und wenn wir uns bewegen. Zeigen Sie, wie man wie ein Reh läuft. Langsam und methodisch, mit einem Ziel vor Augen, und achten Sie auf Ihre Umgebung. Üben

Sie, in der Stille zu verweilen, als ob Sie sich verstecken würden.

Ihr Kind wird dann eine Reihe von Fragen zu seiner achtsamen Bewegungspraxis beantworten:

- Wenn du wie ein Reh gehst, wie fühlt es sich an?

- Wie ist es, bewegungslos und getarnt wie ein Reh zu sein?

- Beschreiben Sie eine Zeit, in der Sie einen achtsamen Spaziergang machen können.

- Beschreiben Sie eine Situation, in der Sie von Stille profitieren könnten.

3.13 Ein durchdachtes Tagebuch

Tagebuch schreiben ist ein wesentlich einfacherer Weg, um mit dem Üben von Achtsamkeit zu beginnen, als mit anderen Methoden. Es kann auch eine großartige Gelegenheit für Kinder sein, das

Schreiben zu üben und gleichzeitig ihre Lieblingserlebnisse und Gedanken aufzuzeichnen. Hier sind mehr als 30 Tagesbuchaufforderungen für Ihre Kinder, um loszulegen:

1. Was ist Ihr denkwürdigstes Erlebnis? Erstellen Sie eine Liste mit so vielen Details, wie Sie sich erinnern können.

2. Wer ist eine Person, die Sie inspiriert, und warum?

3. Können Sie sich an eine Sache erinnern, die Sie kürzlich schockiert hat?

4. Für welche drei Dinge bist du dankbar?

5. Erzählen Sie mir von einem Fehler, den Sie kürzlich gemacht haben, und was Sie daraus gelernt haben.

6. Was würdest du tun, wenn du eines Tages alles tun müsstest, was du wolltest?

7. Welche Art von Haustier würdest du wählen, wenn du ein beliebiges Tier haben könntest (einschließlich übernatürlicher Kreaturen wie einem Drachen oder einem Einhorn)? Wie wirst du es nennen?

8. Was hilft dir, wenn du dir Sorgen machst?

9. Welches Ziel oder welche Aufgabe haben Sie sich diese Woche gesetzt? Wie wirst du das machen?

10. Welcher Gegenstand zaubert Ihnen immer ein Lächeln ins Gesicht?

11. Betrachten Sie Ihr Lieblingshobby oder Ihren Zeitvertreib. Warum magst du es so sehr?

12. Schließe deine Augen. Konzentrieren Sie sich auf das, was in Ihrer Umgebung vor sich geht. Welche Geräusche hörst du? Machen Sie eine Liste von ihnen.

13. Was war das Seltsamste, was du je in der Schule gelernt hast?

14. Hatten Sie jemals den Drang, eine neue Sprache zu lernen? Wenn ja, welche und warum?

15. Beschreiben Sie Ihren Lieblingsurlaub. Warum denken Sie, dass es Ihr Favorit ist? Was ist die glücklichste Erinnerung, die Sie daran haben?

16. Was würden Sie Ihrer Familie oder Ihren Freunden sagen, wenn Sie ihnen alles erzählen könnten, was Sie in letzter Zeit beschäftigt hat?

17. Möchten Sie lieber, dass es immer Sommer, Frühling, Herbst oder Winter ist? Wieso den?

18. Besitzen Sie Tiere? Was würden Sie ihm sagen, wenn es eines Morgens plötzlich sprechen könnte?

19. Betrachten Sie jemanden, der Ihnen das Gefühl gibt, geschätzt zu werden. Wie zeigen sie dir ihre Liebe?

20. Wenn Sie draußen sind, was machen Sie am liebsten?

Arbeitsbuch für Selbstregulierung von Fähigkeiten für Kinder

21. Haben Sie kürzlich Urlaub genommen? Was war Ihr Lieblingsteil dieses Besuchs, und wohin sind Sie gegangen?

22. Hast du einen Lieblingslehrer? Wie sind sie und was ist die wertvollste Lektion, die Sie von ihnen gelernt haben?

23. Stellen Sie sich vor, Sie hätten eine Zeitmaschine. Sie können in die Zukunft oder in die Vergangenheit reisen. Was würdest du tun, wenn du überall hinreisen könntest? Wie stellen Sie sich das Leben der Menschen dieser Zeit vor?

24. Erinnerst du dich, wie du dich an deinem ersten Schultag gefühlt hast? Wie war Ihre Erfahrung?

25. Welche Fragen würdest du deinem zukünftigen Ich gerne stellen, wenn du die Möglichkeit dazu hättest?

26. Welche Superkraft würdest du wählen, wenn du welche haben könntest? Was würdest du damit machen?

27. Wie vertreibt man sich an einem regnerischen Tag am besten die Zeit?

28. Machen Sie eine Liste mit einer Sache, die Sie heute tun werden, um das Beste daraus zu machen.

29. Stellen Sie sich vor, Sie könnten auf die Größe einer Maus schrumpfen oder auf die Größe

Arbeitsbuch für Selbstregulierung von Fähigkeiten für Kinder

eines Gebäudes wachsen. Was würdest du tun und warum würdest du es tun?

30. Betrachten Sie eine Fähigkeit, die Sie gerne besitzen würden. Was ist eine Methode, die Sie in die Praxis umsetzen können?

31. Erstellen Sie eine Liste mit drei Dingen, die Sie heute tun könnten, um einen Freund oder ein Familienmitglied zu unterstützen.

Dies sind einige Übungen und Arbeitsblätter für Ihre Kinder, um sich ihrer selbst, der Menschen um sie herum und ihrer Umgebung bewusster zu werden.

Kapitel 4:
P für positive Gedanken

Eine britische Schuhfirma schickte vor vielen Jahren zwei Verkäufer nach Afrika, um das Marktpotenzial zu bewerten und zu berichten.

Der erste Verkäufer sagte: "Hier gibt es kein Potenzial - niemand trägt Schuhe."

Der zweite Verkäufer sagte: „Hier gibt es ein riesiges Potenzial – Schuhe trägt niemand."

Diese Kurzgeschichte ist eine der besten Illustrationen dafür, wie ein einzelner Umstand auf zwei Arten gesehen werden kann: negativ oder positiv. Es geht um unsere Einstellung zu einer bestimmten Situation. Im Laufe der Jahre haben viele Studien gezeigt, dass die Kraft des positiven Denkens einen gigantischen Einfluss darauf haben kann, wie Menschen ihr Leben leben und wie sie über sich selbst denken. Sie haben mehr Selbstwertgefühl, Selbstvertrauen, ein gesünderes Berufs- und Privatleben, sind glücklicher und weniger anfällig für stressbedingte Störungen. Andererseits frisst dich der Zorn des negativen Denkens von innen heraus auf. Es freundet sich mit Eifersucht, Hass und Hoffnungslosigkeit an und schließt alle Türen zu Glück und Erfolg.

Kinder, lasst uns positiv denken!

4.1 Ameisen loswerden

Ameisen oder automatische negative Gedanken können unser Verhalten lenken, ohne dass wir es merken, und sind schwer zu regulieren. Um Ihre Stimmung, Gesundheit und allgemeine Lebensqualität zu verbessern, müssen Sie sich nur Ihrer Ameisen bewusst werden und sie durch anpassungsfähigere, rationalere Gedanken ersetzen.

ANTS werden häufig durch bestimmte kontextuelle Auslöser ausgelöst, wie z. B. Interaktionen, die wir haben, oder Ereignisse, die in unserem Leben auftreten. Helfen Sie Ihrem Kind, einige seiner üblichen Auslöser in der ersten Spalte aufzulisten, indem es sich von links nach rechts durch die Tabelle arbeitet; ein Beispiel soll dem Kleinen den Einstieg erleichtern. Schreiben Sie in der mittleren Spalte die ANT auf, die Ihnen dieser Auslöser normalerweise in den Sinn bringt. Versuchen Sie, einen konstruktiveren, positiveren, selbst mitfühlender und produktiveren Gedanken zu entwickeln, um diese AMEISE in die letzte rechte Spalte zu platzieren.

Löst aus	Ameisen	Adaptive Gedanken
Ich kam zB zu spät zum Unterricht.	"Ich bin ein hoffnungsloser Schüler und ich werde in diesem Kurs durchfallen."	„Wenn ich etwas früher aufwache, um mich umzuziehen und zu frühstücken,

Arbeitsbuch für Selbstregulierung von Fähigkeiten für Kinder

		kann ich dieses Problem beheben. Ich sollte nachts früh schlafen gehen.“

4.2 Herausfordernde Gedanken

negative Verzerrung ist ein psychologisches Prinzip, das besagt, dass Menschen anfälliger für negative Reize sind als für gute Reize und dass wir leicht von ihnen überwältigt werden können. Dieses Arbeitsblatt hilft Ihrem Kind, sich auf sein Denkmuster in Bezug auf eine bestimmte Situation zu konzentrieren und den Wert dieser Gedanken zu verstehen:

1. Wie ist die aktuelle Situation?

Arbeitsbuch für Selbstregulierung von Fähigkeiten für Kinder

2. Was denkst du über diese Situation?

3. Wie viel davon glaubst du?

 1   ---- 2 ---- 3 ---- 4 ---- 5 ---- 6 ---- 7 ---- 8 ---- 9 ----
     10

4. Wie fühlt sich der Gedanke an? Macht es Sie wütend, traurig, ängstlich oder ......?

5. Wie stark ist das Gefühl?

     1   ---- 2 ---- 3 ---- 4 ---- 5 ---- 6 ---- 7 ---- 8 ----
         9 ---- 10

6. Ist das ein hilfreicher Gedanke? Wenn das der Fall ist, wie hilft mir der Gedanke?

7. Ist das ein negativer Gedanke? Wenn das der Fall ist, wie schadet mir der Gedanke?

8. Gibt es eine Möglichkeit, Ihre Gedanken zu ändern, damit Sie sich nicht so verärgert oder belästigt fühlen? Wie?

Arbeitsbuch für Selbstregulierung von Fähigkeiten für Kinder

9. Konzentrieren Sie sich auf einen Aspekt des Problems und nicht auf alles, wenn Sie darüber nachdenken?

10. Wenn ja, auf welchen Aspekt davon konzentrieren Sie sich am meisten?

11. Sind Ihre Gedanken darüber, was passieren wird, wahrscheinlich oder unwahrscheinlich?

12. Basieren Sie Ihre Entscheidungen eher auf Emotionen als auf Fakten?

13. Überschätzen oder unterschätzen Sie die Bedeutung der Situation?

14. Wie viel von meiner ursprünglichen Meinung glaube ich jetzt?

Arbeitsbuch für Selbstregulierung von Fähigkeiten für Kinder

4.3 Dreh es um Einstellung

Geben Sie Ihrem Kind ein Blatt Papier und weisen Sie es an, es in Drittel zu falten und beide Seiten mit den Worten „Schule", „Freunde", „Familie", „Zuhause", „Selbstbild" und „Aktivitäten" zu beschriften. Fragen Sie dann die Schüler für jede Kategorie, mit welchen Problemen sie konfrontiert sind, und weisen Sie sie an, diese Probleme anzugehen und eine Frage zu entwickeln, wie sie damit umgehen können. Zum Beispiel: "Wie kann ich mit meinem Bruder auskommen?" Dann lassen Sie Ihr Kind sich die folgenden Fragen stellen, um seine Denkweise zu ändern:

1. Wie fühle ich mich dabei?

2. Will ich dieses Problem lösen oder möchte ich, dass es verschwindet?

3. Kann es sein, dass ich andere für dieses Problem verantwortlich mache?

Arbeitsbuch für Selbstregulierung von Fähigkeiten für Kinder

4. Was passiert, wenn ich dieses Problem nicht in naher Zukunft behebe? Wie sieht es auf lange Sicht aus?

5. Welche kleinen Schritte kann ich unternehmen, um dieses Problem zu lösen?

6. Wie ändere ich meine Denkweise, um das Problem anzugehen?

7. Was passiert, nachdem dieses Problem behoben wurde?

Dies ermöglicht es Kindern, die Herausforderungen, die sie erleben, neu zu definieren und eine Lösung anzubieten. Sie werden eher positiv denken, wenn sie nach der Teilnahme an dieser Übung mit Problemen konfrontiert werden.

Arbeitsbuch für Selbstregulierung von Fähigkeiten für Kinder

4.4 Meine Momente der Ehrfurcht

Das Erkennen und Wertschätzen kleiner Momente der Freude und Schönheit kann zu positivem Denken führen. Lachen, eine Umarmung, ein schöner Sonnenuntergang oder das Zwitschern der Vögel sind Beispiele für diese Momente.

Das Starten eines Scheu Journal mit Ihrem Kind ist eine praktische Methode, um auf dieser Fähigkeit aufzubauen. Sie können eines Ihrer eigenen behalten, und Sie und Ihr Kind können monatlich oder täglich darüber sprechen.

Sie und Ihr Kind werden das Scheu Journal mit Sehenswürdigkeiten oder Ereignissen aus Ihrem täglichen Leben füllen, die Sie schön oder besonders finden, wie zum Beispiel einen Regenbogen, eine nette Geste oder sogar den Duft von frisch gebackenen Keksen. Ihr Kind kann diese Erinnerungen mit Zeichnungen, Beschreibungen, Gedichten und anderen Mitteln festhalten.

Obwohl es unbedeutend erscheinen mag, kann das Schreiben über großartige Ereignisse einen erheblichen Einfluss auf das positive Denken haben. Das Journal of Research in Personality veröffentlichte eine Studie, die 90 Studenten im Grundstudium untersuchte, die in zwei Gruppen eingeteilt wurden. Knapp drei Tage lang schrieb eine Gruppe jeden Tag über ein außergewöhnlich gutes Ereignis. Die andere Gruppe erhielt die Aufgabe, über ein Kontrollthema zu schreiben. Die erste Gruppe hatte drei Monate später immer noch bessere Stimmungen und weniger Krankheiten.

Die Arbeit am Scheu Journal wird Ihrem Kind auch beibringen, an unerwarteten Orten nach Schönheit zu suchen, was ihm helfen wird, eine positivere Sicht auf die Welt und sich selbst zu entwickeln.

4.5 Pause des Selbstmitgefühls

Bitten Sie Ihr Kind, über ein schwieriges Thema in seinem Leben nachzudenken, das es stresst. Nachfolgend einige Anweisungen für die Kleinen:

Erinnern Sie sich an die Situation und achten Sie darauf, ob Sie den Stress und die psychische Belastung körperlich spüren können.

- Sagen Sie sich jetzt: "Dies ist ein schmerzhafter Moment."

  Andere Alternativen sind zu sagen,
    - Das tut weh.
    - Autsch.
    - Dies ist ein Zeichen von Stress.
- Sagen Sie sich jetzt, dass Leiden ein unvermeidlicher Teil des Lebens ist. Weitere Möglichkeiten sind:
    - Ich bin nicht der Einzige, der so empfindet.
    - Wir alle stehen in unserem Leben vor Herausforderungen.
- Legen Sie Ihre Hände über Ihre Brust und spüren Sie die Wärme und beruhigende

Arbeitsbuch für Selbstregulierung von Fähigkeiten für Kinder

Berührung Ihrer Hände. Sagen Sie zu sich selbst:

> Ich bin sanft zu mir.

Du kannst dich auch fragen. Gibt es einen Satz, der Sie in dieser Situation anspricht? Wie zum Beispiel:

> Ich habe das Mitgefühl für mich selbst, das ich brauche

> Ich akzeptiere und liebe mich so, wie ich bin.

> Ich vergebe mir.

> Ich bin ein starker Mensch.

> Ich bin geduldig.

Diese Übung wird Ihrem Kind helfen, freundlicher zu sich selbst zu sein und Selbstkritik zu vermeiden.

4.6 Ein Boot schwimmen lassen

Problemlösung ist eine der effektivsten Strategien, um Selbstwertgefühl aufzubauen und eine positive Einstellung zu fördern. Geben Sie Ihrem Kind ein offenes Problem, das es angehen soll, und ermutigen Sie es, Lösungen zu finden. Zum Beispiel,

- Es macht Spaß, Ihrem Kind Milchkännchen, Pappe, Dosen und Gläser aus der Recyclingtonne zu geben und es zu bitten, einen Boot zu bauen. Alles, was benötigt wird, ist Klebeband, Kleber und Garn.

- Erlauben Sie ihnen, mit verschiedenen Möglichkeiten zu experimentieren, wie sie ihr Boot zusammenbauen können.

- Dann stellen Sie ihr Design in einem See oder Teich auf die Probe.

Dies ist auch eine tolle Gruppenaktivität.

4.7 Schatzkiste der Güte

Mit dieser interessanten Aktivität können Sie Ihrem Kind helfen, sich selbst wertzuschätzen, um der negativen Voreingenommenheit in seinem Gehirn entgegenzuwirken.

Folgen Sie den unteren Schritten:

- Kaufe oder baue eine kleine hölzerne Schatztruhe oder verwende eine leere Taschentuchbox.
- Bitten Sie die Kinder, die Oberseite der Truhe oder Kiste mit den Worten „Ich bin" zu bemalen und zu schmücken.
- Machen Sie einige Münzgröße Münzen aus dicken Karten oder Pappe, die beschriftet werden können.
- Dann sollen die Kinder für jede Münze eine „Ich bin"-Bestätigung auswählen und eine auf die Vorderseite schreiben. Zum Beispiel,
  - Ich bin hilfreich.
  - Ich bin ein guter Freund.
  - Ich bin nett.

Kinder können auf der anderen Seite der Münze ein Beispiel aus dem wirklichen Leben schreiben oder ein Bild davon erstellen, wie sie diesen Wert erlebt haben.

Dies wird ihnen helfen, die Affirmationen zu glauben.

"

Zum Beispiel: „Ich habe geholfen, den Tisch zu decken oder die Einkäufe zu tragen."

4.8 Glücksrad

Diese Aktivität wird Kindern helfen, eine positivere Einstellung gegenüber ihren Problemen und Zielen zu entwickeln. Es wird ihnen helfen, Fähigkeiten zur Problemlösung zu erlernen und den Kreislauf negativer Gedanken hinter sich zu lassen. Auf geht's:

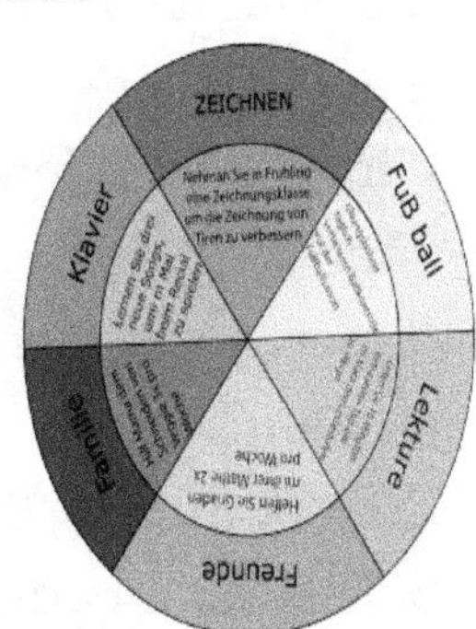

Arbeitsbuch für Selbstregulierung von Fähigkeiten für Kinder

- Helfen Sie Ihrem Kind, ein Rad mithilfe von Segmenten herauszuziehen. Ihr Kind wird jedem Segment wichtige Kategorien in seinem Leben zuordnen, wie Familie, Freunde, Schule, Tennis und so weiter.

- Danach wählt Ihr Kind eine Kategorie aus, auf die es sich zuerst konzentrieren wird. Sie schreiben jedes Ziel auf, das sie in einer bestimmten Zeit für diese Kategorie erreichen möchten (zum Beispiel dieses Jahr). Wenn die Kategorie beispielsweise „Tennis" ist, könnte Ihr Kind schreiben, dass es mindestens dreimal pro Woche üben, seine Vorhand verbessern und das Aufschlagen lernen möchte.

- Besprechen Sie als Nächstes mit Ihrem Kind die Maßnahmen, die es ergreifen wird, um diese Ziele zu erreichen, sowie alle Hindernisse, denen es auf dem Weg begegnen könnte. Was werden sie tun, wenn sie mit diesen Herausforderungen konfrontiert werden?

- Erlauben Sie Ihrem Kind, das Rad nach Belieben zu bemalen und zu verschönern, und stellen Sie es dann gut sichtbar auf.

- Tun Sie etwas, um zu feiern, wenn Ihr Kind seine Ziele in einem Segment des Rads erreicht, und wiederholen Sie den Vorgang dann für jedes nachfolgende Segment.

Ihr Kind wird sich im Laufe der Zeit in vielen Bereichen seines Lebens verbessern, wenn es lernt, Ziele zu setzen und zu erreichen.

4.9 Denkende Gedanken

Dieses Arbeitsblatt enthält eine Reihe von Fragen, die Ihrem Kind helfen sollen, mit unerwünschten oder nicht hilfreichen Gedanken umzugehen, die es stören. Hier ist eine Liste mit Fragen, die Ihr Kind in seinem Tagebuch beantworten kann.

1. Welche Tatsachen stützen diesen Gedanken? Welche Beweise sprechen dagegen?

2. Was wäre das Worst-Case-Szenario, wenn dieser Gedanke richtig wäre?

3. Verallgemeinere ich aufgrund früherer Erfahrungen zu viel?

4. Kann man die Dinge positiv sehen?

5. Wird dies in Zukunft eine Rolle spielen? Würde es in einer Woche oder einem Monat eine Rolle spielen? Wie?

6. Wie bin ich in der Vergangenheit mit ähnlichen Situationen umgegangen?

8. Helfen mir meine Gedanken, mit dieser Situation umzugehen? Oder verschärfen sie das Problem?

9. Habe ich eine wirkliche Kontrolle darüber?

10. Was außer mir könnte dieses Problem noch beeinflussen?

11. Denke ich in Begriffen wie „ich muss", „ich muss" oder „ich sollte"? Wird es wirklich benötigt?

12. Welchen Rat würde ich in dieser Situation einem Freund geben?

4.10 Erfinde ein Rezept

Helfen Sie Ihrem Kind, Fehler als Lernchancen und nicht als Misserfolge zu sehen. Anstatt bei negativen Ideen zu verweilen, wird diese Aktivität Ihren Kindern Problemlösungsfähigkeiten und Geduld beibringen. Lass uns anfangen:

- Bitten Sie Ihr Kind, sich ein eigenes Pfandkuchenrezept auszudenken, um es zu ermutigen, Fehler zu machen.
- Erstellen Sie eine Liste mit allen Komponenten und deren Mengen, die Sie aufschreiben können. Behalten Sie das Verfahren im Auge, um sicherzustellen, dass nichts Gefährliches passiert, aber nehmen Sie nicht teil.
- Lassen Sie Ihr Kind mit dem Rezept experimentieren, auch wenn es etwas Seltsames hinzufügt.
- Nachdem Sie eine Testcharge Pfannkuchen gekocht haben, fragen Sie sich: „Was hättest du anders machen können?"
- Lassen Sie Ihr Kind Änderungen am Rezept vornehmen, bevor Sie es erneut versuchen.

4.11 Dankbarkeitstagebuch

Dieses Arbeitsblatt hilft Ihrem Kind, an einem Tag mindestens drei positive Dinge auszuwählen und die ganze Woche über eine positive Einstellung zu bewahren. Sie können diese Aufforderungen nach einer Woche fortsetzen, indem Sie sie abwechseln:

TAG 1

- Heute ist mir eine gute Sache passiert:

- Etwas Gutes, das ich miterlebt habe:

- Ich hatte heute Spaß, als:

TAG 2

- Was ich heute erledigt habe:

- Heute ist etwas Lustiges passiert:

- Jemand, dem ich heute dankbar war:

TAG 3

- Etwas, wofür ich heute dankbar war:

- Ich habe heute gelächelt, als:

Arbeitsbuch für Selbstregulierung von Fähigkeiten für Kinder

- Etwas von heute werde ich nie vergessen:

TAG 4

- Heute ist mir eine positive Sache passiert:

- Heute war etwas Besonderes, weil:

- Ich war heute mit mir zufrieden, weil:

TAG 5

- Heute ist etwas Interessantes passiert:

- Jemand, dem ich heute dankbar war:

- Ich hatte heute eine gute Zeit, als:

TAG 6

- Etwas von heute werde ich nie vergessen:

Arbeitsbuch für Selbstregulierung von Fähigkeiten für Kinder

- Heute ist etwas Lustiges passiert:

- Das heutige Highlight war für mich:

TAG 7

- Was mich heute glücklich gemacht hat:

- Etwas Bewundernswertes, das ich heute gesehen habe:

- Was mir heute besonders gut gelungen ist:

4.12 Drei-Stuhl-Arbeit

Dieses Arbeitsblatt ist eine aufwändigere Übung und Ihr Kind braucht Ihre Hilfe beim Üben. Sie benötigen drei Stühle. Das sind die Anweisungen für die Kinder:

Nehmen wir an, Sie möchten an dem Thema „Bedürftigkeit" arbeiten, um es zu demonstrieren. Der als bedürftig angesehene Teil von Ihnen wird auf einem Stuhl sitzen, der Kritiker auf einem anderen und der mitfühlende Beobachter auf dem dritten Stuhl.

Arbeitsbuch für Selbstregulierung von Fähigkeiten für Kinder

- Beginnen Sie, indem Sie auf dem Stuhl des Kritikers Platz nehmen. Seien Sie jetzt schonungslos ehrlich zu sich selbst. „Ich verachte, wie abhängig du bist", zum Beispiel „Du lässt mich schwach erscheinen!"
- Achten Sie während dieser (und der restlichen Übung) auf Ihre Emotionen, Körperhaltung, Stimmlage, Körperempfindungen und so weiter.
- Setzen Sie sich jetzt auf den Stuhl des Kritisierten und geben Sie den kritisierten Teilen von sich selbst eine Stimme. „Ich bin so sehr aufgebracht, dass du sagen würdest, ich würde dich demütigen", zum Beispiel. "Du kümmerst dich nicht um mich."

Wiederholen Sie diesen Vorgang, damit Sie ein gutes Verständnis dafür haben, wie jede Seite denkt und fühlt.

- Es ist an der Zeit, den dritten Stuhl einzunehmen, den des weisen und liebevollen Wesens, das diesem Gespräch zugehört hat.
- Entspannen Sie Ihren Körper auf diesem Stuhl, verlassen Sie sich auf Ihr tiefes Verständnis und Ihre Freundlichkeit und sprechen Sie abwechselnd sowohl mit dem Kritiker als auch mit dem Kritisierten freundlich.
- Sagen Sie dem Kritiker zum Beispiel: „Ich weiß, dass Sie besorgt sind." Du willst mich

Arbeitsbuch für Selbstregulierung von Fähigkeiten für Kinder

abhärten, damit ich nicht zurückgewiesen werde."

- „Ich kann mir nicht vorstellen, wie schwer es für dich sein muss, als bedürftig zu gelten, weil du das willst, was wir alle brauchen: Zuneigung und Aufmerksamkeit", sagen die Kritiker.

Nachdem Ihr Kind die Aufgabe erledigt hat, bitten Sie es zu erzählen, wie es sich auf verschiedenen Stühlen gefühlt hat.

Dies sind einige Arbeitsblätter und Übungen, um eine gesunde, positive Einstellung bei Ihrem Kind zu kultivieren.

Arbeitsbuch für Selbstregulierung von Fähigkeiten für Kinder

Kapitel 5:
Balance im Alltag

Ein Philosophieprofessor trat in seine Klasse ein. Er brachte ein paar Sachen und stellte sie auf den Tisch. Er nahm ein großes durchsichtiges leeres Gefäß und füllte es mit ziemlich massiven Steinen, sobald der Unterricht begann. Der Professor fragte dann die Studenten: "Ist das Glas voll?" Sie waren sich einig, dass es so war.

Nun nahm der Professor eine Kiste mit kleinen Kieselsteinen, legte sie in den Krug und schüttelte ihn, um die Lücken zwischen den Steinen mit Kieselsteinen zu füllen. "Ist das Glas voll?" erkundigte er sich noch einmal. Sie waren sich alle einig, dass es so war.

Diesmal schüttete der Professor einen Eimer Sand in das Glas und füllte es bis zum Rand.

„Nun", erklärte der Professor, „ich möchte, dass Sie sehen, dass dieses Gefäß Ihrem Leben ähnelt – die Steine repräsentieren die wichtigsten Dinge in Ihrem Leben, Ihre Werte, Ihre Familie, Ihre Moral und Ihre Gesundheit." Das bedeutet, dass, selbst wenn die Kieselsteine und der Sand verschwinden würden, das Glas voll bleiben würde und Ihr Leben immer noch sinnvoll wäre.

Steine repräsentieren Dinge wie Ihr Zuhause, Ihr Auto und Ihren Job. Sand steht jedoch für das Unbedeutende. Diese Dinge kommen und gehen, und sie sind nicht immer für Ihr allgemeines Wohlbefinden notwendig.

Der Sand in Ihrem Leben zeigt die verbleibenden Füllmaterialien und materiellen Besitztümer an. Dies könnte auch beinhalten, sich an Aktivitäten zu beteiligen, die Ihre Zeit verschwenden, oder über bedeutungslosen Gefühlen und Erfahrungen zu verweilen.

Wenn Sie dieses Glas zuerst mit Sand füllen, ist kein Platz mehr für Kiesel oder Steine. Widmen Sie Ihre Energie den Dingen und Erfahrungen, die im Leben am wichtigsten sind – verbringen Sie wertvolle Zeit mit Ihrer Familie, bleiben Sie gesund und vergessen Sie nicht, geistig zu wachsen – seien Sie freundlich, ehrlich, sensibel und hilfsbereit. Das sind die Dinge, die am wichtigsten sind. Sie sollten ganz oben auf Ihrer Prioritätenliste stehen. Der Rest ist nichts als Sand.

Ihr Kleinen, ihr solltet daran denken, dass ihr euch auf kleinere Probleme fixiert, euch unnötige Sorgen um die Zukunft macht, die Augen vor dem Guten im Leben verschließt und nicht zu den sinnvollen Ereignissen im Leben beiträgt, bedeutet, dass ihr euer Glas mit Sand füllt.

Lassen Sie uns einige Arbeitsblätter und Übungen durchgehen, um Kindern zu helfen, bedeutungsvolle Tage zu haben, die zu einem bedeutungsvollen Leben beitragen.

5.1 Tucker-Schildkröte

Hier geht eine Geschichte:

Tucker Turtle war eine der besten Schildkröten, die Sie jemals treffen würden. Er spielte gerne mit seinen Klassenkameraden an der Wet Lake School. Tucker neigte jedoch dazu, wütend zu werden, wenn bestimmte Ereignisse eintraten. Tucker schlug, trat oder schrie seine Kumpels an, wenn er wütend war. Sie wurden wütend oder aufgebracht, wenn er seine Gefährten schlug, trat oder anschrie. Als Tucker wütend wurde, hatte er eine neue Technik, um „wie eine Schildkröte zu denken".

Er kann anhalten und seine Hände, Beine und Schreie für sich behalten! Er kann sich in seinem Panzer verstecken, um sich zu beruhigen und dreimal tief durchzuatmen. Tucker kann dann eine Lösung oder einen Weg finden, sie zu verbessern. Tuckers Kumpels freuen sich, wenn er sich benimmt und gut spielt.

Arbeitsbuch für Selbstregulierung von Fähigkeiten für Kinder

Lesen Sie Kindern die Tucker Turtle-Geschichte vor und ermutigen Sie sie, „wie eine Schildkröte zu denken", um ihre Emotionen zu regulieren und sich zu beruhigen, wie folgt:

- Erkenne an, wie du dich fühlst.
- Denken Sie an das Wort „Stopp".
- Stecken Sie sich in Ihre „Hülle" und atmen Sie dreimal tief durch.
- Wenn Sie ruhig sind, kommen Sie mit einer „Lösung" heraus.

Arbeitsbuch für Selbstregulierung von Fähigkeiten für Kinder

5.2 FÜHLEN

Diese einfache, aber durchdachte Übung soll Kindern helfen, emotionale Probleme zu lösen.

- **Konzentriere dich auf deine Gefühle**

  Fragen dichselbst:
  - ➤ Was schiefgelaufen ist?
  - ➤ Wie hat es Sie beeinflusst?

  Dazu gehört, die Gefühle des Kindes zu bestätigen, indem man Dinge sagt wie:
  - ➤ Ich verstehe vollkommen, wie du dich fühlst.
  - ➤ Ich weiß, dass Sie wütend oder traurig sind.
  - ➤ Es ist in Ordnung, Angst zu haben.

- **Bewerten Sie die Situation und alle möglichen Lösungen**

  Frag dich selbst:
  - ➤ Wo ist es schiefgelaufen?
  - ➤ Was können Sie tun, um es zu verbessern?
  - ➤ Wie können Sie das Problem am besten angehen?
  - ➤ Was würde passieren, wenn Sie weitermachen und es lösen würden?

- **Setzen Sie die bestmögliche Lösung um**

  Frag dich selbst:
  - ➤ Wie werden Sie die Lösung implementieren?
  - ➤ Wann werden Sie das Problem mit dieser Lösung beheben?

Arbeitsbuch für Selbstregulierung von Fähigkeiten für Kinder

> Wie effektiv war die Lösung?

- **Lernen Sie aus der Erfahrung**
  > Was würden Sie beim nächsten Mal anders machen?
  > Was haben Sie insgesamt aus der Erfahrung gelernt?

5.3 Akronym für zwischenmenschliche Fähigkeiten

DBT kann Kindern helfen, drei wichtige zwischenmenschliche Erfolgsfähigkeiten zu lehren, die in diesem Arbeitsblatt skizziert werden:

1. Effektivität in Bezug auf Ziele
2. Wirksamkeit in Bezug auf Beziehungen
3. Wirksamkeit in Bezug auf Selbstachtung

Objektive Wirksamkeit mit (DEARMAN)

DEARMAN ist eine dialektische Verhaltenstherapie Akronym für Fähigkeiten zur objektiven Wirksamkeit, die Sie dabei unterstützen, Ihren Zweck oder Ihr Ziel in einem Gespräch zu erreichen. Es steht für Beschreiben, Ausdrücken, Durchsetzen, Bestärken, Achtsam, Erscheinen und Verhandeln.

- **Beschreiben**

  Verwenden Sie einfache, klare Sätze, um zu beschreiben, was Sie wollen.
  Sagen Sie nicht: "Bitte tu das nicht, Rebeca."
  Sage so etwas wie: „Hör auf, mich zu schlagen, Rebeca. Du tust mir weh."

- **Äußern**

  Lassen Sie andere verstehen, wie Sie sich in einer Situation fühlen, indem Sie Ihre Gefühle effektiv ausdrücken.

Arbeitsbuch für Selbstregulierung von Fähigkeiten für Kinder

Erwarten Sie, dass andere Ihre Gedanken nicht lesen können.

Verwenden Sie den Ausdruck „Ich fühle mich ---- weil ----."

- **Behaupten**

Machen Sie keine Zweideutigkeiten – sagen Sie, was Sie sagen müssen; Sag nicht: "Oh, nun, ich bin mir nicht sicher, ob ich heute mit dir spielen kann."

Sage: "Ich könnte heute nicht mit dir spielen, weil ich viele Hausaufgaben fällig habe."

- **Verstärken**

Belohnen Sie diejenigen, die gut reagieren, und betonen Sie, warum die Reaktion positiv war.

Ein einfaches Lächeln und ein „Dankeschön" können ausreichen.

- **Achtsam**

Es ist leicht, sich in destruktive Auseinandersetzungen ablenken zu lassen und den Fokus zu verlieren, wenn Sie sich nicht an das Ziel der Interaktion erinnern.

- **In Erscheinung treten**

Machen Sie einen selbstbewussten Eindruck, indem Sie auf Ihre Körperhaltung, Augenkontakt, Ton und Körpersprache achten.

- **Verhandeln**

Niemand kann aus seinen Interaktionen immer alles herausholen, was er will; kompromissbereit sein; und sagen Sie Dinge wie: "Wenn Sie unsere Spielsachen wegräumen, werde ich unsere Bücher wegräumen."

Beziehungseffektivität mit (GEBEN)

Arbeitsbuch für Selbstregulierung von Fähigkeiten für Kinder

Fähigkeit zur Beziehungswirksamkeit werden in dialektische Verhaltenstherapie als GEBEN abgekürzt. Diese helfen bei der Entwicklung und Aufrechterhaltung zwischenmenschlicher Verbindungen, die sowohl Geben als auch Empfangen beinhalten.

Geben hat an sich Bedeutung als Sanft, Interessiert, Bestätigen und Leicht.

- **Sanft**

  Akzeptieren Sie das gelegentliche „Nein" für Ihre Forderungen und greifen Sie während Ihrer Gespräche nicht an, drohen Sie nicht und urteilen Sie nicht.

- **Interesse**

  Zeige, dass es dir wichtig ist, indem du der anderen Person Aufmerksamkeit schenkst und sie nicht unterbrichst.

- **Bestätigen**

  Verstehen Sie ihre Gefühle, erkennen Sie, wenn Ihre Anfragen anspruchsvoll sind, und respektieren Sie ihre Perspektiven; Bestätigen Sie offen die Gedanken und Gefühle der anderen Person.

- **Leicht**

  Achte auf eine entspannte Haltung. Versuchen Sie zu lächeln und sich optimistisch zu verhalten.

Effektivität der Selbstachtung mit (SCHNELL)

Das Akronym FAST von dialektische Verhaltenstherapie Interpersonal Effektiveres hilft Ihnen dabei, die Selbstachtung in Beziehungen aufrechtzuerhalten. Effektivität der Selbstachtung ist

Arbeitsbuch für Selbstregulierung von Fähigkeiten für Kinder

definiert als sich der eigenen Ansichten, Wünsche
und Werte bewusst zu sein und gleichzeitig gesunde
zwischenmenschliche   Interaktionen
aufrechtzuerhalten.

FAST steht für Fair, Apologien, Sticking to Values
und Wahrhaftig.

- **Gerecht**

  Sei nicht nur fair zu anderen; sei auch fair zu
  dir selbst.

- **Entschuldigung**

  Wenn Sie eine Anfrage stellen, eine Meinung
  haben   oder   anderer   Meinung   sind,
  entschuldigen Sie sich erst, wenn es absolut
  notwendig ist.

- **Halten Sie sich an Werte**

  Stehen Sie für das ein, was Sie wirklich wollen
  und   woran   Sie   glauben,   anstatt   Ihre
  Überzeugungen   zu   kompromittieren,   um
  gemocht zu werden oder das zu bekommen,
  was Sie wollen.

- **Wahrhaftig**

  Übertreibung,   Hilflosigkeit   (als   eine   Art
  Manipulation)   und   dreiste   Lügen   sind
  Beispiele für Unehrlichkeit.

Kinder, wenn Sie sich in einem Szenario befinden, in
dem Sie Probleme haben, sich an Ihre Standards zu
halten, kann dieses Handout nützlich sein. Die kurze
Erinnerung und hilfreiche Empfehlungen können
Ihnen helfen, wieder auf Kurs zu kommen.

5.4 Ich bin großartig, weil

Dieses Arbeitsblatt hilft Ihren Kindern, ihre Stärken zu erkennen und eine positive Lebenseinstellung zu haben.

- Ich mag, wer ich bin, weil:

- Ich fühle mich wohl in meiner:

- Ich bin super darin:

- Meine Freunde denken, ich habe ein tolles:

- Ich bedeute viel zu:

- Ich glaube, ich bin ziemlich gut:

- Andere halten mich für großartig:

- Etwas, das mir wirklich Spaß macht, ist:

- Ich bewundere mich wirklich für:

Arbeitsbuch für Selbstregulierung von Fähigkeiten für Kinder

- Meine zukünftigen Ziele sind:

- Ich weiß, dass ich sie erreichen kann, weil ich:

- Andere loben oft meine:

- Ich bin von Natur aus begabt für:

- Es tut mir gut, wenn ich:

- Was mich zum lachen bringt ist:

- Es ist mir schon mal gelungen...

- Die Eigenschaften, auf die ich an mir am meisten stolz bin, sind:

- Ich bin in Frieden, wenn:

- Mein größtes Talent ist:

5.5 Das achtsame Glas

Diese Praxis kann Kindern beibringen, wie intensiv Emotionen sich durchsetzen und Gelassenheit finden können, wenn sie sich von ihnen überwältigt fühlen.

Fülle zunächst ein durchsichtiges Gefäß (z. B. ein Einmachglas) fast bis zum Rand mit Wasser. Füllen Sie danach das Glas mit einem großen Löffel Glitzerkleber oder Kleber und trockenem Glitzer. Um den Glitzerwirbel zu erzeugen, setzen Sie den Deckel wieder auf das Glas und schütteln Sie es.

Verwenden Sie schließlich das folgende Skript oder lassen Sie sich davon inspirieren, um Ihre eigene Mini-Lektion zu erstellen:

„Stellen Sie sich vor, dass das Glitzern Ihre besorgten, wütenden oder verärgerten Gedanken darstellt. Beachten Sie, wie sie sich bewegen und es schwierig machen, alles klar zu sehen? Deshalb ist es so einfach, voreilige Entscheidungen zu treffen, wenn Sie verärgert sind, weil Sie nicht nachdenken klar. Mach dir keine Sorgen. Das ist normal und passiert jedem (ja, auch Erwachsenen).

[Stellen Sie das Glas jetzt vor sie hin.]

Sehen Sie nun, was passiert, wenn Sie einige Augenblicke ruhig bleiben. Behalte den Glitzer im Auge. Beachten Sie, wie sich das Glitzern absetzt und das Wasser klar wird. Dein Verstand funktioniert genau so. Nach einer kurzen Zeit der Stille beginnt sich Ihr Geist zu beruhigen und zu beruhigen, und Sie beginnen, die Dinge klarer zu sehen. Wenn wir diesen Entspannungsprozess durchlaufen, kann uns das tiefe Atmen helfen, uns zu beruhigen, wenn wir viele Emotionen empfinden."

Diese Aktivität lehrt Kinder, wie Emotionen ihr Urteilsvermögen trüben können, und ermöglicht es ihnen, Achtsamkeit zu üben, indem sie auf das wirbelnde Glitzern im Glas achten.

Versuchen Sie, die Jugendlichen dazu zu bringen, sich jeweils auf eine Emotion zu konzentrieren, z. B. Wut, und sprechen Sie darüber, wie das Erschütterte vs. Beruhigte Glitzern diese Emotion darstellt.

5.6 Untersuchung von Aktionstendenzen

Dieses Arbeitsblatt kann Ihnen helfen, das Bewusstsein Ihres Kindes für Handlungstendenzen zu schärfen, die sowohl aus guten als auch aus negativen Emotionen resultieren. Die Aktivität wird Sie dabei unterstützen, Ihr Kind durch zwei wichtige Schritte zu führen.

Helfen Sie Ihrem Kind, mit einer geführten Meditation herauszufinden, wie es auf seine Emotionen reagiert. Kurz gesagt, Sie werden:

- Bitten Sie den Kleinen, die Augen zu schließen und an eine Zeit zu denken, in der er mit schwierigen Emotionen umgehen musste. Ein Streit mit einem geliebten Menschen ist ein Beispiel.

- Ermutigen Sie sie, die traumatische Situation so oft wie möglich zu visualisieren und

Arbeitsbuch für Selbstregulierung von Fähigkeiten für Kinder

wiederzubeleben. Was ist mit Ihnen passiert? Mit wem hingen sie herum?

- Bitten Sie sie, die stärkste Emotion oder das stärkste Gefühl aufzuschreiben, das bei der Erfahrung aufgetreten ist, und versuchen Sie, es in ihrem Körper zu lokalisieren, wenn dies möglich ist. Sie sollten es idealerweise beschriften können.
- Unterstützen Sie sie dabei, ihre natürlichen Reaktionen auf das Gefühl zu entdecken. Was wollen sie jetzt tun? Es ist wichtig anzumerken, dass es nicht darum geht, wie sie reagiert haben, sondern was sie jetzt tun möchten, wenn sie über das Ereignis nachdenken.

Der nächste Teil führt Ihren Klienten durch eine geführte Meditation ähnlich dem vorherigen Teil, aber dieses Mal wird er sich auf Handlungsneigungen konzentrieren, die mit guten Emotionen verbunden sind. Dies ermöglicht Ihnen und Ihrem Kind, die beiden zu vergleichen und gegenüberzustellen – was war das Besondere an ihnen? Was hat jeder von ihnen am anderen beobachtet?

Diese Aktivität zum Erkunden von Aktionstendenzen kann Ihrem Kind helfen, die Punkte zwischen einem elektrisierenden Ereignis und seiner Reaktion darauf zu verbinden.

5.7 Safari-Spaziergang

Die Safari-Aktivität ist ein ausgezeichneter Ansatz, um Kindern Achtsamkeit beizubringen. Diese Aktivität verwandelt einen routinemäßigen Spaziergang in ein aufregendes, neues Abenteuer.

Arbeitsbuch für Selbstregulierung von Fähigkeiten für Kinder

Sagen Sie den Kleinen, dass sie auf Safari gehen und dass ihre Mission darin besteht, so viele Vögel, Käfer, Krabbeltiere und andere Tiere wie möglich zu sehen. Alles, was krabbelt, läuft, fliegt oder schwimmt, sollte ihre Aufmerksamkeit erfordern, und sie müssen alle ihre Sinne einsetzen, um es zu finden, besonders die kleinen.

5.8 Fahrgäste im Bus

Erinnern Sie Ihre Kinder daran, an diese Metapher zu denken, wenn sie das Gefühl haben, dass ihre Gefühle überwältigend sind. Die Metapher „Passagiere im Bus" beschreibt, wie unsere inneren Erfahrungen unser Leben zu bestimmen scheinen. Die Metapher kann verwendet werden, um die Möglichkeiten eines Lebens aufzuzeigen, in dem solche Ereignisse akzeptiert werden und wie Passagiere in einem Bus im Gedächtnis bleiben, anstatt Entscheidungen zu bestimmen.

Du bist ein Busfahrer, der Bus ist dein Verstand und die Fahrgäste repräsentieren deine Gedanken. Während Sie fahren, sitzen einige Passagiere ruhig, während andere kritische und ablenkende Bemerkungen machen oder Anweisungen rufen.

Sie haben die gleiche Entscheidungsfreiheit, wie Sie auf Passagiere reagieren, wie auf kritische Gedanken. Lassen Sie diese Passagiere laut schreien und sich unterhalten, während Sie Ihre Aufmerksamkeit auf die Reise zu Ihrem Ziel richten.

5.9 Bestmögliche Zukunft

Laut einer Studie verstärkt das Visualisieren und Schreiben Ihres Best-Case-Szenarios glückliche Emotionen. Erinnern Sie Ihre Kleinen daran, sich 15 Minuten Zeit zu nehmen, um darüber zu schreiben, wie ihre bestmögliche Zukunft aussehen würde. Anstatt sich darauf zu konzentrieren, was schiefgehen könnte, sollten sie überlegen, was richtig laufen könnte.

Diese Aktivität kann ihnen helfen, eine optimistischere Denkweise zu entwickeln.

5.10 Emotionsausdruck

Emotionen können auf viele Arten ausgedrückt werden. Worte, Tonfall, Körperbewegungen, Gesten, Körperhaltung, Gesichtsausdruck usw. können alle verwendet werden, um Emotionen auszudrücken. Jede Emotion hat unterschiedliche Merkmale und ihre Manifestation unterscheidet sich von der anderer Emotionen.

Wenn eine Person wütend ist, schreit sie, bewegt ihre Hände, wirft Gegenstände und so weiter, während, wenn sie Angst hat, ihre Augenbewegungen zunehmen, sie schaudert und so weiter.

Emotionaler Ausdruck kann gesund oder ungesund sein.

Türen knallen, schreien und sich selbst verletzen sind Beispiele für einen ungesunden emotionalen Ausdruck, während ein guter emotionaler Ausdruck darin besteht, durchsetzungsfähig zu kommunizieren, ruhig zu bleiben und sich auf das Positive zu konzentrieren.

Arbeitsblatt zur Emotionsregulation – Ausdruck von Emotionen

Zielsetzung:

Um eine Person in die Lage zu versetzen, zwischen gesundem und ungesundem Ausdruck von Emotionen zu unterscheiden.

Anweisungen:

Erinnern Sie sich an vergangene Ereignisse, bei denen Sie intensive Emotionen erlebt haben. Schreiben Sie für jede Situation ein Beispiel für einen gesunden und ungesunden Ausdruck Ihrer Gefühle auf. Schreiben Sie auch die Ergebnisse für jede Art von Ausdruck auf, um es Ihnen leichter zu machen, die beste Art zu wählen, Emotionen auszudrücken.

Vorfall	Emotion	Gesunder Ausdruck von Emotionen	Konsequenzen	Ungesunder Ausdruck von Emotionen	Konsequenzen

Arbeitsbuch für Selbstregulierung von Fähigkeiten für Kinder

5.11 Lub-Dub-Herzschlag

Die Herzschlag-Übung ist eine großartige Erdungsaktivität, da sie Ihrem Kind ermöglicht, sich auf die Gefühle seines Körpers zu konzentrieren. Wenn Ihr Kind nervös oder ängstlich ist, ist diese Übung eine großartige Möglichkeit, ihm zu helfen, sich zu entspannen.

Wenn Ihr Kind zum Beispiel an einem Schulprojekt arbeitet und sich aufregt oder feststeckt, können Sie es sanft neu fokussieren, indem Sie es bitten, STOPPEN und eine Pause zu machen.

Lassen Sie Ihr Kind eine Minute lang aufstehen und auf und ab hüpfen oder Hampelmänner machen. Lassen Sie sie am Ende der Minute ihre Handfläche auf ihr Herz legen und darauf achten, wie sich ihr Herzschlag und ihre Atmung anfühlen.

Den Fokus auf den physischen Körper zu lenken, ist ein guter Ansatz dafür. Als Ergebnis dieses neuen Energieschubs wird Ihr Kind eine neue Motivation haben, die anstehende Aufgabe zu erfüllen.

Dies sind einige Aktivitäten und Übungen, die Sie in den Alltag Ihres Kindes einbauen können, um ihm Selbstregulierung beizubringen.

Arbeitsbuch für Selbstregulierung von Fähigkeiten für Kinder

Fazit

Zu lernen, unsere Handlungen und Emotionen zu kontrollieren, ist eine Fähigkeit, die Zeit braucht, um sie zu beherrschen. Wir sind Szenarien ausgesetzt, die unsere Fähigkeit testen und verfeinern, unsere Emotionen und Gefühle in schwierigen Situationen von klein auf zu bewältigen.

Selbstregulierung bei Kindern könnte die Form annehmen, dass sie lernen, angemessen auf Enttäuschungen zu reagieren, anstatt einen Wutanfall zu bekommen oder um Hilfe zu bitten, anstatt bei Angst zusammenzubrechen.

Diese Beispiele zeigen die Bedeutung von Selbstkontrollfähigkeiten. Selbstregulierung ist der Prozess der Kontrolle der eigenen Gedanken und Gefühle, um zielorientierte Verhaltensweisen einzunehmen.

Wenn die Selbstregulierungsfähigkeiten eines Kindes funktionieren, kann es die Quelle des Impulses identifizieren, seine Schwere verringern und vielleicht wissen, wie es verhindern kann, darauf zu reagieren. Im weiteren Sinne sind Selbstregulationsfähigkeiten, die es Kindern ermöglichen, Selbstkontrolle auszuüben.

Zu wissen, wie Kinder diese Fähigkeiten erwerben, hilft den Eltern, sie zu Hause zu unterrichten und zu stärken. Untersuchungen haben gezeigt, dass Selbstregulierung, die exekutive Funktionen sowie soziale und emotionale Kontrollfähigkeiten umfasst, einen erheblichen Einfluss auf die Schulreife und die frühen Schulleistungen hat. Da ihr Gehirn und ihr Körper regulieren und weniger reagieren können,

Arbeitsbuch für Selbstregulierung von Fähigkeiten für Kinder

werden sie außerdem vernetzter, besser und autonomer Problemlöser und glücklicher sein.

Die Bereitstellung eines sicheren und unterstützenden Umfelds für Ihr Kind, in dem es Fähigkeiten zur Selbstregulierung erwerben und üben kann, ist entscheidend für seinen langfristigen Erfolg. Dies gilt insbesondere, wenn Ihr Kind an Reizüberflutung oder Problemen mit der Exekutivfunktion leidet.

Eine Ihrer Aufgaben als Elternteil besteht darin, Ihrem Kind bei der Entwicklung von Selbstbewusstsein zu helfen und Feedback zu geben, damit es neue Strategien zum Umgang mit seinen Emotionen erlernen kann.

Dieses Buch konzentriert sich auf die Bereitstellung effektiver und unterhaltsamer Arbeitsblätter, Übungen und Spiele, die sich darauf konzentrieren, Kindern Selbstregulierung beizubringen. Das erste Kapitel konzentriert sich auf das Konzept der Selbstregulierung und die Wissenschaft dahinter. Als Nächstes diskutieren wir die Herausforderungen des Mangels an Selbstregulierung. Schließlich erklärt das Buch die Vorteile der Selbstregulierung für Kinder, z. B. verbesserte emotionale Intelligenz, Selbstvertrauen, soziale Fähigkeiten, Selbstbeherrschung, Konzentration und Anpassungsfähigkeit.

Die nächsten vier Kapitel sind praktischen Aktivitäten gewidmet. Das zweite Kapitel konzentriert sich speziell auf das emotionale Wohlbefinden. Es enthält Übungen und Arbeitsblätter wie STOPP, Wut-Selbstgespräche, radikale Akzeptanz, Emotionen hinter den Emotionen, AKZEPTIEREN und mehr.

Arbeitsbuch für Selbstregulierung von Fähigkeiten für Kinder

Das dritte Kapitel konzentriert sich speziell auf Achtsamkeit. Es enthält Übungen und Arbeitsblätter wie Gedankenbeobachtung, Lesen meiner Wut, achtsames halbes Lächeln, Drachenfeuer spucken, Body-Scan-Meditation, nachdenkliches Tagebuch und mehr.

Das vierte Kapitel konzentriert sich speziell auf positives Denken. Es enthält Übungen und Arbeitsblätter wie Ameisen loswerden, Umkehrhaltung, Selbstmitgefühlspause, Schatzkiste der Güte, Glücksrad, Drei-Stuhl-Arbeit, Dankbarkeitstagebuch und mehr.

Das vierte Kapitel konzentriert sich speziell auf die Balance im Alltag. Es enthält Übungen und Arbeitsblätter wie Tucker Turtle, das Akronym für zwischenmenschliche Fähigkeiten, das Achtsamkeitsglas, Safari-Spaziergang, Emotionsausdruck, Lub-Dub-Herzschlag und mehr.

Ich hoffe, dieses Buch hat Ihrem Kind geholfen, seine Probleme mit der Selbstregulierung zu überwinden und eine gesündere Persönlichkeit zu entwickeln. Wenn Sie dieses Buch in irgendeiner Weise hilfreich fanden, hinterlassen Sie bitte eine Rezension auf Amazon und sehen Sie sich auch mein Buch „Eltern von Teenagern mit Angst" an.

www.ingramcontent.com/pod-product-compliance
Lightning Source LLC
Chambersburg PA
CBHW061001050726
47592CB00003B/1289